新时代智库出版的领跑者

中社智库 国家智库报告 2022（12）
National Think Tank
经 济

"一带一路"与可持续发展

王灵桂 杨美姣 著

THE BELT AND ROAD INITIATIVE AND SUSTAINABLE DEVELOPMENT IN THE CONTEXT OF DEVELOPMENT ECONOMICS

中国社会科学出版社

图书在版编目(CIP)数据

"一带一路"与可持续发展/王灵桂,杨美姣著.—北京:中国社会科学出版社,2022.4

(国家智库报告)

ISBN 978-7-5227-0102-8

Ⅰ.①—… Ⅱ.①王… ②杨… Ⅲ.①"一带一路"—国际合作—可持续性发展—研究报告 Ⅳ.①F125

中国版本图书馆 CIP 数据核字(2022)第 067527 号

出 版 人	赵剑英
项目统筹	王 茵 喻 苗
责任编辑	黄 丹 郭曼曼
责任校对	季 静
责任印制	李寡寡

出 版	中国社会科学出版社
社 址	北京鼓楼西大街甲 158 号
邮 编	100720
网 址	http://www.csspw.cn
发 行 部	010-84083685
门 市 部	010-84029450
经 销	新华书店及其他书店
印刷装订	北京君升印刷有限公司
版 次	2022 年 4 月第 1 版
印 次	2022 年 4 月第 1 次印刷
开 本	787×1092 1/16
印 张	10
插 页	2
字 数	135 千字
定 价	58.00 元

凡购买中国社会科学出版社图书,如有质量问题请与本社营销中心联系调换

电话:010-84083683

版权所有 侵权必究

摘要： 发展是实现人民幸福的关键。习近平主席2021年在联合国大会上提出的全球发展倡议有两大理论和实践来源：联合国2030年可持续发展目标是促成国家间合作和提供全球公共产品的重要动力；"一带一路"倡议作为全球合作平台和公共产品的提供者，为国际社会提供了中国方案和中国智慧。本文结合"一带一路"倡议的理念与实践、联合国2030年可持续发展目标，从发展经济学的研究视角，提炼出贫困与不平等、经济发展、健康与可持续的社会、气候与环境、投资与援助这五大关键变量，建构了发展经济学视阈下的"一带一路"倡议和可持续发展目标的分析框架，阐明全球发展倡议的生命力。通过文中的相关案例和实践研究得出："一带一路"倡议完美契合联合国2030年可持续发展目标，彰显了可持续发展的中国方案；面对全球公共卫生危机、大国竞争态势和实现联合国可持续发展目标的挑战，推动"一带一路"高质量发展继续为全球可持续发展赋能。联合国2030年可持续发展目标是促成国家间合作和提供全球公共产品的重要平台，"一带一路"倡议与联合国2030年可持续发展目标在理念和目标上相辅相成、相得益彰。

关键词： 发展经济学；"一带一路"倡议；联合国2030年可持续发展目标；中国方案

Abstract: Development is the key to people's happiness. In 2021, President of the People's Republic of China, Xi Jinping pointed out at the United Nations General Assembly that, the Global Development Initiative advocated by the Chinese government has two theoretical and practical sources: The 2030 UN Sustainable Development Goals (SDGs) are important driving forces for cooperation among countries and the provision of global public goods. China's Belt and Road Initiative (BRI), as a global cooperation platform and public goods provider, provides the international community with Chinese solutions and Chinese wisdom. This book takes the theory and practice of the Belt and Road Initiative and the 2030 UN Sustainable Development Goals (SDGs) into consideration, and uses development economics as a research perspective to distill five key variables: poverty and inequality, economic development, health and sustainable society, climate and environment, investment and aid. It constructs a study on the Belt and Road Initiative under the perspective of development economics. The framework for analyzing the Belt and Road Initiative and the key of sustainable development is presented. Through the relevant case studies and practical research, we conclude that the Belt and Road Initiative is a perfect fit for the 2030 SDGs and a manifestation of China's solution for sustainable development. In the face of the global public health crisis, the competition among major powers and the challenges of achieving the UN Sustainable Development Goals, promoting the high-quality development of the Belt and Road can continue to empower global sustainable development.

Key words: Development Economics; Belt and Road Initiative; 2030 UN Sustainable Development Goals; China's Solution

目 录

导言 …………………………………………………………… (1)

**一 关于"一带一路"倡议研究中的权力、制度
　　与观念** …………………………………………………… (6)
　（一）权力博弈符合"一带一路"倡议的题中
　　　　应有之义吗？ ……………………………………… (9)
　（二）"一带一路"框架下的经贸合作论 ……………… (12)
　（三）建构主义理论与"一带一路"倡议 ……………… (16)

**二 发展经济学之下"一带一路"倡议与
　　可持续发展的理论机理** ……………………………… (21)
　（一）可持续发展、"一带一路"倡议、发展经济学的
　　　　发展历程及界定 …………………………………… (21)
　（二）以发展经济学为分析视角的原因 ………………… (44)
　（三）发展经济学的分析框架和关键变量 ……………… (47)

**三 发展经济学视阈下的"一带一路"倡议和
　　联合国 2030 年可持续发展目标** …………………… (56)
　（一）贫困与不平等 ……………………………………… (61)
　（二）经济发展 …………………………………………… (66)
　（三）健康与可持续的社会 ……………………………… (75)

（四）气候与环境 …………………………………… （79）
　　（五）投资与援助 …………………………………… （83）
　　（六）中国在低碳绿色政策和技术方面的
　　　　　贡献 ………………………………………… （89）

四　"一带一路"倡议与联合国2030年可持续
　　发展目标的契机与挑战 ……………………………… （95）
　　（一）全球公共卫生危机的挑战 …………………… （95）
　　（二）大国地缘政治竞争态势的严峻 ……………… （100）
　　（三）"行动十年"计划和行动主义超级年 ………… （103）
　　（四）"一带一路"倡议与美国的基建计划和欧盟的
　　　　　"全球门户"计划对比 ……………………… （106）
　　（五）"一带一路"倡议的可持续性影响与联合国
　　　　　2030年可持续发展目标 …………………… （117）

五　结论 …………………………………………………… （129）
　　（一）发展经济学视角下的理论总结 ……………… （129）
　　（二）"一带一路"倡议与联合国2030年可持续
　　　　　发展目标的完美契合 ……………………… （130）
　　（三）对未来一段时期的展望 ……………………… （132）

参考文献 …………………………………………………… （134）

导　言

发展与和平是人类社会互为因果、互为手段的两大追求目标。但是，在众多利益主体处于各种错综复杂因素作用的情况下，实现两大目标道阻且长，发展之路曲折崎岖，和平之路坎坷漫长。人类什么时候能步入发展与和平的正常轨道？全球发展倡议的提出，为人类实现两大目标带来了曙光与路径。2021年9月21日，习近平主席在出席第七十六届联合国大会一般性辩论时首次提出的全球发展倡议，向世界发出了坚持发展优先、坚持以人民为中心、坚持普惠包容、坚持创新驱动、坚持人与自然和谐共生、坚持行动导向的呼吁。这是中国在世界百年未有之大变局和新冠肺炎疫情冲击全球发展的背景下，聚焦发展、加强对接、深化合作、加强协调，呼吁国际社会加快落实联合国2030年可持续发展议程，为支持广大发展中国家发展，促进后疫情时代全球复苏，加强国际发展合作提出的中国方案。

发展是实现人民幸福的关键，是世界各国的权利。在人类追求幸福的道路上，一个国家、一个民族都不能少。中国不仅是全球发展倡议的倡导者，更是通过共建"一带一路"落实这一倡议的行动者、实践者和推动者。"一带一路"倡议作为中国同世界共享机遇、共谋发展的阳光大道，为世界各国特别是广大发展中国家提供了新机遇、开辟了新天地。共建"一带一路"是习近平总书记着眼于时代大势，以大历史观对世界面临的世纪之问、时代之问作出的科学回答。2017年5月，习近平主席在第一届"一带一路"国际合作高峰论坛上指出,"这项倡议源于我对世界形势的观察和思考""在各国彼此依存、全球性挑战此起彼伏的今天,仅凭单个国家的力量难以独善其身,也无法解决世界面临的问题""我们完全可以从古丝绸之路中汲取智慧和力量,本着和平合作、开放包容、互学互鉴、互利共赢的丝路精神推进合作,共同开辟更加光明的前景。"① 习近平主席在第四届中国国际进口博览会开幕式上的主旨演讲中指出:"中国将推动高质量共建'一带一路',使更多国家和人民获得发展机遇和实惠。"② 共建"一带一路"是习近平总书记着眼时代大势,以大历史观对世界面临的世纪之问、时代之问作出的科学回答。

"一带一路"倡议提出以来,始终秉持以和平合作、开放包容、互学互鉴、互利共赢为核心的丝路精神,在百年未有之大变局中寻找发展机遇、凝聚合作共识,走过了从夯基垒台、立柱架梁到落地生根、持久发展,从绘就一幅"大写意"到绘制精谨细腻的"工笔画",走出了一条高质量建设的可持续发展的光明大道。8年来,在合作共建"一带一路"过程中,各合作方把基础设施"硬联通"作为重要方向,把规则标准"软联通"作为重要支撑,把同共建国家人民"心联通"作为重要基础,推动共建"一带一路"高质量发展,取得实打实、沉甸甸的成就。通过共建"一带一路",提高了国内各区域开放水平,拓展了对外开放领域,推动了制度型开放,构建了广泛的朋友圈,探索了促进共同发展的新路子,实现了同共建国家互利共赢。党的十九届六中全会通过的《中共中央关于党的百年奋斗重大成就和历史经验的

---

① 习近平:《开辟合作新起点 谋求发展新动力——在"一带一路"国际合作高峰论坛圆桌峰会上的开幕辞》,载《"一带一路"国际合作高峰论坛重要文辑》,人民出版社2017年版,第18—19页。

② 习近平:《让开放的春风温暖世界——在第四届中国国际进口博览会开幕式上的主旨演讲》,人民出版社2021年版,第6页。

决议》指出,"我国坚持共商共建共享,推动共建'一带一路'高质量发展,推进一大批关系沿线国家经济发展、民生改善的合作项目,建设和平之路、繁荣之路、开放之路、绿色之路、创新之路、文明之路,使共建'一带一路'成为当今世界深受欢迎的国际公共产品和国际合作平台。"①

实践证明,"一带一路"倡议是根植于历史、面向未来打造的可持续发展模式,是成于中国、不断在与世界分享中国发展成果的发展平台,是源于发展、为世界创造可持续发展机会的关键选择。"一带一路"倡议以其深厚的历史渊源和人文基础,顺应时代要求和各国加快发展的愿望,向所有伙伴开放,为各国提供了一个包容性巨大的发展平台,把快速发展的中国经济同沿线沿途国家的利益结合起来。这种秉持发展眼光和全球视野的宏大倡议,作为百年未有之大变局中引领航向的积极之举,以互联互通为主线,开创了超越民族、跨国界、跨时空、跨意识形态、跨不同发展阶段融通的进程;积极适应新一轮科技革命和产业革命,开启了更高层次、更大范围、更宽领域的经济全球化新进程,为世界提供了更高境界地造福于人类的全球公共产品。与之形成鲜明对比的是,在2013年之前,世界上曾有包括美国在内的28个国家和国际组织先后提出类似"一带一路"的倡议、计划或规划,但都没有像"一带一路"倡议这样形成如此大的国际影响、如此多的响应者、如此广泛的参与者,有的甚至无疾而终、悄无声息。这项跨时空、跨文明、跨洲际的重大倡议理论框架是什么?如何从历史、现实、时空维度描述这一造福于人类的伟大行动?以上均是必须回答的极具挑战性的重大理论问题。

2021年是中国共产党成立100周年,也是中华人民共和国

---

① 《中共中央关于党的百年奋斗重大成就和历史经验的决议》(辅导读本),人民出版社2021年版,第49页。

恢复联合国合法席位 50 周年。长期以来，中国努力践行多边主义、合作共赢的发展理念，经过艰苦卓绝的持续奋斗和自强不息的砥砺前行历史性地解决了绝对贫困问题，全面建成小康社会，实现了第一个百年奋斗目标。① 从 2013 年习近平主席提出共建"一带一路"倡议至 2021 年 11 月，中国已与 141 个国家和包括联合国机构在内的 32 个国际组织签署了 206 份共建"一带一路"合作文件，为打造新的合作增长点、完善全球治理体系、推动构建人类命运共同体和落实联合国 2030 年可持续发展议程提供了有力支持。② "一带一路"倡议作为中国方案和中国智慧的典范，不仅与联合国 2030 年可持续发展议程的理念、目标完全一致，还是一种发展经济学意义上的新发展观和新合作观。2021 年 3 月 29 日，在联合国驻华系统与亚洲基础设施投资银行（亚投行）共同主办的主题为"可持续发展目标行动十年与不断变化的全球格局"对话活动中，著名经济学家、联合国可持续发展目标倡导者杰弗里·萨克斯（Geoffrey Sax）认为，中国作为联合国体系的捍卫者和多边主义的倡导者，在经济发展和减贫方面取得了世界公认的成就，"一带一路"倡议极具前瞻性，不仅有效促进了区域合作、互利共赢，还有助于消融地缘政治紧张态势，为可持续发展目标的实现做出了实质性的重要贡献。③ 在距离 2030 年联合国可持续发展的 17 项目标的达成年限不到十年，以及后疫情时代重振经济的关键节点，研究"一带

---

① 习近平：《在庆祝中国共产党成立 100 周年大会上的讲话》，人民出版社 2021 年版，第 2 页。
② 《中国联合国合作立场文件》，中华人民共和国外交部，2021 年 10 月 22 日，https：//www.mfa.gov.cn/web/ziliao_674904/tytj_674911/zcwj_674915/t1916136.shtml。
③ 李茂奇：《著名经济学家杰弗里·萨克斯论中国在全球可持续发展事业中的领导作用》，联合国，2021 年 4 月 13 日，https：//news.un.org/zh/story/2021/04/1081972。

一路"倡议与2030年可持续发展目标将对未来"行动十年"计划的开展提供重要的思路。

在2021年11月19日召开的第三次"一带一路"建设座谈会上，习近平总书记站在统筹中华民族伟大复兴战略全局和世界百年未有之大变局的高度，全面总结共建"一带一路"取得的显著成就，科学分析共建"一带一路"面临的新形势，对继续推动共建"一带一路"高质量发展作出了重大部署、提出了明确要求，为新时代推进共建"一带一路"实现更高合作水平、更高投入效益、更高供给质量、更高发展韧性提供了根本遵循。在全球发展倡议的理念下，共建"一带一路"与2030年联合国可持续发展目标相得益彰，已经并将继续共同致力于建设全球发展共同体。

迄今为止，学者们已经从诸多不同角度对"一带一路"倡议或联合国可持续发展议程进行了研究，但将国际政治与发展经济学联系起来研究"一带一路"倡议与联合国2030年可持续发展议程的成果尚不完善。相较于传统经济学或者政治经济学发展经济学的研究领域更为广泛，相关衡量指标也更规范，它以一种全球性的视野关注资源的有效配置、公共机制和个人机制的发展演进、具体的异质性和复杂性表现、不同均衡层级的影响等问题。从发展经济学的视角出发，将"一带一路"倡议与联合国2030年可持续发展议程结合起来进行研究，并在此基础上探究可持续发展实现的中国路径及联合国路径，可以发现"一带一路"倡议与联合国2030年可持续发展议程的要求完全吻合。"一带一路"不仅有力促进了联合国可持续发展目标的实现，还在一定程度上深化了可持续发展目标的意义。以"一带一路"倡议为代表的中国方案和中国智慧推进了全人类的发展，"一带一路"所倡导和践行的是发展经济学意义上的新合作观和新发展观。本书将从学理的角度逐步论证"一带一路"倡议与联合国2030年可持续发展目标的契合和对接。

一 关于"一带一路"倡议研究中的权力、制度与观念

自冷战结束后,国际社会风云突变,世界格局发生了重大变化。国际政治领域出现了不同于以往的新常态,主要表现为国际政治格局的演进速度明显加快、国际社会的不稳定性和不确定性增强、"战略意外"成为国际环境中的普遍现象。不时发生的全球公共卫生危机、国际金融危机等,使得许多国家重新思考其安全和战略选择。① 世界形势不断发生着复杂变化,全球性经济、安全、卫生、环境等议题不断为国际社会行为体提出挑战。面对迷惘的未来和世界经济增长复苏乏力的困局,各国的发展理念出现了一定程度上的分歧。中国致力于维护和促进和平、发展、合作、共赢的新时代,展现了负责任大国的作为和担当。

在此大背景下,中国国家主席习近平于 2013 年提出了建设新丝绸之路经济带和 21 世纪海上丝绸之路的倡议。2015 年 3 月 28 日,中华人民共和国国家发展和改革委员会、中华人民共和

---

① 在"美国优先论"和"美国中心论"的指导理念下,美国不断退出多个多边合作组织,据统计,从 2017 年 1 月—2021 年 10 月,美国已经退出了 11 个国际组织和国际条约,主要包括《跨太平洋伙伴关系协定》、《巴黎气候变化协定》、联合国教科文组织、《全球移民协议》、《伊朗核协议》、联合国人权理事会、《维也纳外交关系公约》、万国邮政联盟、《中程导弹条约》、《开放天空条约》和世界卫生组织。

国外交部和中华人民共和国商务部在国务院授权下联合发布了《推动共建丝绸之路经济带和21世纪海上丝绸之路的愿景与行动》，以共商共建共享的原则促进全球不同区域的紧密联系，推动互利合作朝着新的历史高度迈进。① 自此以后，中国致力于将"一带一路"建设成和平之路、繁荣之路、开放之路、创新之路和文明之路。② "一带一路"倡议实施以来，100多个国家和国际组织与中国建立了紧密的经济合作关系，不管是双边直接投资所带来的合作，还是第三方市场的合作都取得了巨大的成就。中国经济的发展、治理能力的提升和负责任大国的形象的建立为全球经济发展和全人类的福祉做出了突出贡献。与此同时，联合国作为全球最大的政府间国际组织在促进经济发展、国际安全、人权、社会进步、世界和平等方面发挥着重要作用。同是在如此复杂变化的国际背景之下，2015年联合国所有会员国一致通过了努力改变世界的17项可持续发展目标，呼吁世界各国采取共同行动，以消除贫困、改善人类的生活与未来。③ 可持续发展目标中贯穿了一种可持续的理念，试图以此来增进人们共享和平繁荣的效率。

2013年9月和10月，中国国家主席习近平先后在访问哈萨克斯坦和印度尼西亚时，提出了共同建设丝绸之路经济带和21世纪海上丝绸之路。2014年，中国政府出资成立丝路基金，2015年2月，"一带一路"建设工作领导小组正式成立，"一

---

① 《国家发展改革委、外交部、商务部联合发布〈推动共建丝绸之路经济带和21世纪海上丝绸之路的愿景与行动〉》，中华人民共和国商务部，2015年3月31日，http://www.mofcom.gov.cn/article/ae/ai/201503/20150300928878.shtml。

② 习近平：《携手推进"一带一路"建设——在"一带一路"国际合作高峰论坛开幕式上的演讲》，人民出版社2017年版，第8—11页。

③ "Sustainable Development Goals", UNDP, https://www.cn.undp.org/content/china/en/home/sustainable-development-goals.html.

带一路"理念在高层领导互访活动中得到进一步推广。2016年，亚洲基础设施投资银行正式在北京成立。在此期间，中巴经济走廊成为"一带一路"倡议的枢纽和旗舰项目，中欧班列和中蒙俄经济走廊不断加强中国与沿线国家的经贸联系，中国与中亚和西亚国家也在搭建中国—中亚—西亚经济走廊。此外，中国与印度洋国家包括斯里兰卡、孟加拉国、一些东非国家等共同合作了诸多项目，进而逐步完善和推动了与东南亚国家的《区域全面经济伙伴关系协定》(Regional Comprehensive Economic Partnership，RCEP)、孟中印缅经济走廊、中国—中南半岛经济走廊等。"一带一路"倡议以共商共建共享的原则坚持开放合作、和谐包容、市场运作和互利共赢，提出了分别从陆上和海上发展的战略规划。在"一带一路"倡议框架下，中国着力推行互联互通项目，以全方位、多层次、复合型的发展网络构建新的合作开放格局。"一带一路"倡议的基本内涵兼具包容性和开放性，是一种多维合作倡议，而不是排外封闭的"小圈子"；是中国开展国际务实合作的平台，而不是进行权力博弈的地缘政治工具；是共商共建共享相联动的系统性工程，而不是中国对外援助计划；是促进人文交流的桥梁，而不是触发不同文明之间冲突的引线。① "一带一路"倡议积极加强双边合作，同时强化多边合作机制，发挥沿线各国、次区域等平台的建设性功效。

　　"一带一路"倡议自提出以来就引起了国内、国际社会的高度关注，关于这一主题的研究也硕果累累。以现实主义、自由主义和建构主义为代表的国际政治理论分别认为权力、制度或观念促进了合作与发展或分歧与冲突。三大理论作为国际政治

---

① 陈积敏：《正确认识"一带一路"》，中国共产党新闻网，2018年2月26日，http://theory.people.com.cn/n1/2018/0226/c40531-29834263.html。

领域的经典理论，也囊括了包括经济、社会、金融等不同领域的相关议题，而关于"一带一路"倡议的研究大致可以从权力博弈论、经贸合作论和观念建构论三个方面加以归类。

（一）权力博弈符合"一带一路"倡议的题中应有之义吗？

古典现实主义理论认为，权力界定利益是普遍使用的国际准则，国家要在创造权力、维护权力及扩展权力上努力。① 沃尔兹（Kenneth Waltz）认为，国际政治结构由三部分组成，分别是排列原则、单元所具有的功能和单元间能力的分配。② 由于体系排列原则和单元的功能都具有一定意义上的稳定性，所以单元间能力分配的变化对于国际体系转变的影响最大。在无政府状态之下，国家会时刻注意其权力位置的变化，这使得格里科（Joseph M. Grieco）将国家界定为"位势主义者"（positionalist），③ 施威勒（Randall L. Schweller）以此认为国家间的竞争是"位势竞争"（positional competition）。④ 由于对相对权力及在体系中排序的重视，一般意义上国家在交往中更关注相对收益而非绝对收益，当国家在交易中获得的收益对自身的相对权力地

---

① Morgenthau Hans, *Politics Among Nations: The Struggle for Power and Peace*, New York: Alfred A. Knopf, 1989, pp. 37 – 40.

② Kenneth Waltz, *Theory of International Politics*, Boston: Addison – Wesley Publishing, 1979, p. 329.

③ Joseph M. Grieco, "Realist International Theory and the Study of World Politics," in Michael W. Doyle and G. John Ikenberry, eds., *New Thinking in International Relations Theory*, Boulder, Colorado: Westview, 1997, p. 167.

④ Randall L. Schweller, "Realism and the Present Great Power System: Growth and Positional Conflict Over Scarce Resources," in Kapstein and Mastanduno, eds, *Unipolar Politics: Realism and State Strategies After the Cold War*, Columbia University Press, 1999, p. 28.

位产生削弱作用时，国家可能就不再考虑其将获得的绝对收益。① 基于此，相对权力就是指国家在国际体系中的排序位置。当然，虽然体系位置的衡量有不同的标准，但物质性权力是其中更为重要的考量因素。

随着"一带一路"倡议的推进和实施，国外一些学者从冷战思维出发将其比作"中国版的马歇尔计划"，认为与美国在第二次世界大战后运用"马歇尔计划"援助欧洲以扩张其地缘政治影响一样，"一带一路"倡议也是中国扩大全球影响力的工具，是一种现实主义的权力博弈。② 但"一带一路"倡议与"马歇尔计划"不同的是，后者是美国在意识形态上建立对欧洲主导和霸权优势的政治与安全战略，③ 是其遏制战略的有效工具。④ 而"一带一路"倡议追求的是共同发展、平等互利、合作共赢，是一种人类命运共同体意义上的全球观和大历史观。

---

① 此外还有类似观点表述，参见 Powell Robert, "Absolute and Relative Gains in International Relations Theory," in *Neoclassical and Neoliberaalism: the Contemporary Debate*, ed. David A. Baldwin New York: Columbia University Press, 1993, pp. 209 – 233.

② 相关观点参见 Theresa Falon, "The New Silk Road: Xi Jinping's Grand Strategy for Eurasia", *American Foreign Policy Interests*, Vol. 37, No. 3, 2015; Galia Lavi, Jingjie He and Oded Eran, "China and Israel: On the Same Belt and Road?" *Strategic Asesment*, Vol. 18, No. 3, 2015; Antonina Habova, "Silk Road Economic Belt: China's Marshal Plan, Pivot to Eurasia or China's Way of Foreign Policy", *KSI Transactions on Knowledge Society*, Vol. 8, No. 1, 2015; Michele Penna, "China's Marshall Plan: All Silks Roads Lead to Beijing?" *World Politics Review*, December 9, 2014, http://www.worldpoliticsreview.com/articles/14618/china-s-marshal-plan-al-silk-roads-lead-to-beijing; Shannon Tiezi, "The New Silk Road: China's Marshal Plan?" The Diplomat, November 6, 2014, htp://thediplomat.com/2014/11/the-new-silk-road-chinas-marshal-plan/.

③ 金玲：《"一带一路"：中国的马歇尔计划？》，《国际问题研究》2015 年第 1 期。

④ Diane B. Kunz, "The Marshall Plan Reconsidered," *Foreign Affairs*, Vol. 76, No. 3, p. 165.

此外，有部分印度学者从债务的角度认为"一带一路"倡议使某些沿线国家陷入债务危机，事实上，这种"债务陷阱论"的观点是为获得在马尔代夫国家权力更迭中的掌控权而服务的，①他们通过炒作"债务陷阱论"，不仅使之内化为其国内的权力政治逻辑，还意在形成"印西联动"之势，将中国排除于印太地区互联互通的建设之外。② 此外，印度政界还提出所谓的"珍珠链战略"，主观臆想中国在印度洋区域的影响意图，主动将中国与印度的关系套入"安全困境"的模式，认为中国会对印度的国家安全造成威胁。③ 不管是"债务陷阱论"，还是印度零和博弈思维下的"珍珠链战略"猜想，都是对"一带一路"倡议的污名化，是一种权力政治之下的刻意政治操作。

与此同时，有西方学者从其传统的地缘政治思想出发，认为中国在与美国争夺全球主导权，是一种类似于冷战思维的非黑即白、非此即彼的思维定式。地缘政治理论经历了马汉（Alfred Thayer Mahan）的"海权论"、麦金德（Halford John Mackinder）的"陆权论""边缘地带说"，到后来形成的"批判地缘政治学"，其内涵既有一定的稳定性，又在发生着某些细微变化。④ 这充分说明古典地缘政治思想仍在西方政治精英阶层中发

---

① "债务陷阱论"的前身是"债务陷阱外交"，印度学者布拉马·切拉尼认为债权国故意向债务国提供过度信贷，在债务国无法偿还债务之时获得债务国的政治或经济让步。https：//www.project‐syndicate.org/commentary/china‐one‐belt‐one‐road‐loans‐debt‐by‐brahma‐chellaney‐2017‐01.

② 杨思灵、高会平：《"债务陷阱论"：印度的权力政治逻辑及其影响》，《南亚研究》2019 年第 1 期。

③ Bertil Lintner, *The Costliest Pearl: China's Struggle for India's Ocean*, Oxford University Press, 2019, p. 4.

④ Alfred Thayer Mahan, *The Influence of Sea Power Upon History 1660 – 1873*, Marston & Co., 1890; Halford J. Mackinder, "The Geographical Pivot of History", *The Geographical Journal*, Vol. 23, No. 4, April 1904; Nicholas Spykman, *The Geography of the Peace*, Brace & Co., 1944; Gearoid O. Tuathail, *Critical Geopolitics*, University of Minnesota Press, 1996.

挥着重要影响。当中国 2010 年经济实力超过日本而跃居世界第二大经济体时，① 不管是在全球范围内还是在地区的政治经济格局中，国家相对权力都发生了重要变化。面对"一带一路"倡议框架下，中国积极发展与沿线沿途国家的合作伙伴关系，打造政治互信、经济融合、文化包容的利益共同体的现实状况，西方某些国家在根据传统地缘政治思维解读"一带一路"倡议时，一方面会做历史类比，另一方面会通过主观代入或"通感"，前者是指将中国类比于历史不同时期崛起的大国，后者则认为中国也会像历史中的崛起国和挑战国一样寻求扩张，进而争取霸权。② 传统地缘政治思想一再从其产生来源的视角将其视作国家扩张行为的背书，其自身的理论和思维定式具有严重的缺陷，完全不符合"一带一路"倡议的现实。从"一带一路"倡议的现实来看，"一带一路"倡议并非以权力控制和拓展为目的，而是淡化"国家中心"的色彩，讲求多方合作和广泛参与，权力博弈并非"一带一路"倡议的题中之义。

（二）"一带一路"框架下的经贸合作论

自由制度主义者重视国际制度或国际机制的作用，即国际制度通过克服市场的失灵，以此减少无政府状态下国际社会行为体间的冲突与对抗。③ 在国际关系中，从国际法的创立到国际

---

① 《中国市场经济的崛起：成就与挑战》，经济合作与发展组织（OECD），向中国发展高层论坛供稿，2011 年 3 月 20—21 日。
② [美] 科林·弗林特、张晓通：《"一带一路"与地缘政治理论创新》，《外交评论》2016 年第 3 期。
③ Robert Keohane, After Hegenony, *Cooperation and Discord in the World Political Economy*, Princeton University Press, 2005, pp. 49–60.

制度的形成，都是以互惠为基础的，① 虽然互惠的层次和内涵存在不同差异，但大致来讲，在自由制度主义的逻辑下，合作是基本的途径。具体到在"一带一路"框架下，经贸合作是中国与沿线国家之间建立紧密联系的重要方面。

有研究得出，"一带一路"倡议自开展以来，对沿线国家的经济增长起到了不同程度的推动作用，不管是对与中国相邻的沿线国家、共建"丝绸之路经济带"国家、沿线发展中国家，还是对与中国不相邻的沿线国家、共建"21 世纪海上丝绸之路"国家、沿线发达国家，其经济增长以基建、消费、就业、投资、净出口的形式一定意义上都受益于"一带一路"倡议的实施，并且，这种推动作用随着时间的推移呈增强趋势。② 据商务部的数据显示，2021 年上半年，中国企业对"一带一路"沿线国家投资继续增长，其中包括对 56 个国家的非金融类直接投资和服务外包。③ 在碳排放领域，"一带一路"倡议中的项目对沿线国家的碳减排也具有一定的积极影响。④ "一带一路"已成为中国与沿线国家或沿线国家之间进行跨领域、跨区域合作的重要平台，截至 2021 年上半年，中国已与 140 个国家和 32 个国际组织签署了 206 份共建"一带一路"合作文件，其中既有双边合作文件，也有多边合作文件，除了相关文件的签署，中国与一些国家的双边关系也有一定程度上的升级，这为国家之间

---

① Charles Lipson, "International Cooperation in Economic and Security Affairs", *World Politics*, Vol. 37, No. 1, 1984, p. 6.

② 曹翔、李慎婷：《"一带一路"倡议对沿线国家经济中增长的影响及中国作用》，《世界经济研究》2021 年第 10 期。

③ 《商务部：我国对"一带一路"沿线国家投资继续增长》，中国一带一路网，2021 年 9 月 2 日，https：//www.yidaiyilu.gov.cn/xwzx/bwdt/185578.htm。

④ 张红丽：《中国对"一带一路"沿线国家投资与碳排放关系的研究》，《中国矿业》2021 年第 30 期。

进行多层级合作提供了重要的平台。①

2014年1月—2021年8月,海上丝绸之路的进出口贸易指数均呈现了大幅上升,进口贸易指数从123.49增长到了159.52,出口贸易指数从143.54上升到了204.05,虽然受全球新冠肺炎疫情的影响,海上丝路贸易指数存在波动,但随着中国对新冠肺炎疫情的有效管控,经过短暂下滑,贸易合作重新复苏。② 据商务部的数据显示,截至2020年年底,中国已成为多个国家和地区的主要出口目的国,并连续12年成为全球第二大进口市场,尤其令人瞩目的是,2021年上半年中国的进口国际市场份额为全球贡献了15%的进口增量。③ 中国昆明至老挝万象铁路玉(溪)磨(憨)段会岗山隧道顺利贯通、雅万高铁全线先后持续架梁、中欧班列强劲增长(2021年10月22日,中欧班列长三角一体化发展示范区专列在苏州首发)、中欧班列"中吉乌"公铁联运国际货运班列顺利运营等一系列机制或平台的搭建,使"一带一路"的国际互联互通水平持续提升,基本形成了"六廊六路多国多港"的合作格局,为沿线国家的基础设施建设、经贸便利化、人文交流的加强、减少矛盾和分歧起到了不可替代的作用。

有学者从合作主体方面进行了研究,认为中美之间的战略竞争缩小了其他国家的选择空间,这对一些国家参与"一带一路"建设的积极性和主动性起到某些限制影响,而以城市为主

---

① 《已同中国签订共建"一带一路"合作文件的国家一览》,中国一带一路网,2022年2月7日,https://www.yidaiyilu.gov.cn/xwzx/roll/77298.htm。

② 《一带一路大数据指数》,中国一带一路网,https://www.yidaiyilu.gov.cn/jcsjpc.htm。

③ 《中国连续12年成为全球第二大进口市场》,中国一带一路网,2021年10月22日,https://www.yidaiyilu.gov.cn/xwzx/gnxw/192472.htm。

体参与到"一带一路"的项目中,可增强合作的灵活性和活力。①"一带一路"建设发展过程中已突出了中国地方城市的重要性,这为"一带一路"建设进一步的深化将起到重要的促进作用。有研究认为,"一带一路"倡议能有效扩大经济产能、优化产业结构、完善市场经济,并推进了世界经济的一体化,②同时,"一带一路"倡议响应了新时代中国社会生产关系的要求,促进了生产要素的全球共享,同时对于国际政治经济新秩序的建立也有所贡献。③还有以"一带一路"促进合作共赢为切入点,从发展经济学的视角分析了其具体体现,经贸投资的增长对储蓄—外汇两缺口起到了有效作用,产能合作推动了相关国家的工业化,进而开启了人口红利,对经济增长有较强促进作用,同时对于激活金融机制、减少数字鸿沟,推动全球合作机制的构建及对传统中心—外围理论的超越都发挥了积极的促进作用。④"一带一路"为维护和发展开放型的世界经济创造了有利的环境,也为透明、合理、公正的投资规则体系的建立起了推动作用。⑤

合作制度的健全和合作平台的扩展为中国和共建"一带一路"合作国家都带来了重大收益,根据新功能主义的"外

---

① 李敦球、谵贝贝:《新形势下以城市为主体参与"一带一路"的机遇与意义——以韩国城市为例》,《东北亚经济研究》2021年第5期。

② 李绍荣:《对"一带一路"发展战略的经济学分析》,《人民论坛·学术前沿》2016年第5期。

③ 赵欢:《"一带一路"战略的政治经济学解析——新时代中国特色社会主义经济理论的创新与发展》,《辽宁经济》2019年第1期。

④ 毛新雅:《"一带一路"促进合作共赢的发展经济学解释》,2019年4月2日,人民网,http://theory.people.com.cn/BIG5/n1/2019/0402/c40531-31008119.html。

⑤ 钟山:《共建一带一路 发展开放型世界经济》,2017年6月6日,人民网,http://theory.people.com.cn/n1/2017/0606/c40531-29319702.html。

溢"思想，经贸领域的合作经验会外溢到其他领域，最终将有助于一体化的形成。①"一带一路"框架下的经贸关系将有助于降低不同国家利益之间的冲突程度，通过建立复杂、多边的沟通机制，不同国家在诸如政治、安全等方面的分歧会得到一定程度的缓解。但不得不承认的是，新功能主义的"外溢"理论存在一定程度上的局限性，在高政治领域，外溢的功效显然没有那么明显。② 不仅如此，仅从经济合作论的角度剖析"一带一路"倡议难免有片面之嫌。"一带一路"倡议是一个包含多方面、多领域、多层次的系统工程，因此需要对其进行更多维的研究。

（三）建构主义理论与"一带一路"倡议

建构主义理论认为观念塑造身份，进而影响利益。国家之间互动的不同认知会产生所谓的霍布斯文化、洛克文化和康德文化，③ 而不同文化模式的形成会进一步影响行为体之间的交往模式。"一带一路"倡议主张合作共赢和共同发展，超越了传统西方视角下机械的制度合作或同质性合作，同时创造出了一些新合作理念、模式和路径。从中国传统文化、外交实践和世界形势变化中对"一带一路"倡议进行理论凝练能更好地彰显中国外交实践，也有助于实现中国新理念和新发展模式的一般

---

① Haas, Ernst B., *The Uniting of Europe*, Stanford: Stanford University Press, 1958, pp. 60 – 75.

② Stanley Hofmann, "Obstinate or Obsolete? The Fate of the Nation – State and the Case of Western Europe", *Daedalus*, Vol. 95, No. 3, 1966.

③ Alexander Wendt, *Social Theory of International Politics*, Cambridge University Press, 1999, pp. 246 – 312.

化。① "一带一路"倡议在实施过程中求同存异，摒弃意识形态差异，以一种更广阔的全球视野看待国与国之间的关系，将其原子化为每个生动的个人，这也是人类命运共同体的题中之义。对合作观念的认知一致也可在行为体之间达成合作，合作共识与集体身份之间平衡，作用于共有知识和一致思维之时，可以减少搭便车现象和对绝对收益的坚持。② 有的研究结合了发展经济学，认为"一带一路"倡议是发展经济学新发展观上的重大理论突破，主要体现在倡导多元与互利共赢，重新思考全球化及反全球化思潮，不仅提出包容共享的发展理念，还积极推动并贡献于新发展观，以人类命运共同体谋求建设世界大同，强化科技创新领域的合作。③

中国国际地位的提升和世界影响力的扩大使得美国产生某种战略上的不安全感，"一带一路"倡议可能进一步加剧全球对"美国领导权"的反思和质疑，对自冷战后所形成的"美国第一"霸权带来观念认同上的挑战。为了维持美国全球霸主地位或者巩固别国对其霸权地位的承认，也为了缓解霸权焦虑，美国拒绝接受"一带一路"，甚至对其污名化。④ 这里包含两层认同的含义，首先，美国不认同中国的发展，无法适时调整身份和认知，其次，美国试图重构世界其他国家对其传统霸权的认同感。然而，不管哪层含义都涉及观念建构，都会进一步对行为体之间的关系产生深远影响。也有学者从中国文化理念的角

---

① 孙吉胜：《"一带一路"与国际合作理论创新：文化、理念与实践》，《国际问题研究》2020 年第 3 期。

② Thomas C. Schelling, *The Strategy of Conflict*, Oxford University Press, 1963, pp. 57–58.

③ 姜少敏：《"一带一路"倡议——发展经济学新发展观的伟大实践》，《教学与研究》2018 年第 2 期。

④ 游启明：《美国对"一带一路"倡议的评估解读：霸权认同理论的视角》，《国际观察》2019 年第 3 期。

度剖析国际金融体系，认为正是由于文化性质的差异，中国和西方某些国家对国际化的认知存在着本质上的区别，"一带一路"倡议体现的是中国文化内涵中的天下观、整体观、系统观和大历史观，本质上是一种公共服务体系，以提供服务型公共产品为特征，而西方霸权模式下构建的是全球控制体系和服务于本国利益的模式，两者有着根本性的区别。① 这种观点强调了中国传统文化理念对中国外交实践的影响，西方国家崛起过程中的扩张行为也是在其文化内核中发展出来，正是因为文化性质的不同，造成观念上的差异，进而带来了行为的区别，而中国在从区域性国家向新兴世界大国转变过程中需要进行身份调整。非国家行为体的主观能动性因其认知差异也会产生非对称软制衡，对于崛起国根深蒂固的偏见是崛起国需要规避和管控的重要方面，再加上非国家行为体在制造舆论和群体诉求方面发挥着重要作用。因此重视非国家行为体和第三方的协调作用也是中国在进一步开展"一带一路"建设过程中的考量因素。②

"一带一路"倡议在实施过程中不仅搭建了政策沟通、设施联通、贸易畅通、资金融通和民心相通的平台与机制，还在深层次上凸显了文化和观念的意义。这既需要立足中国的文化底色，也要以包容和开放的态度处理与别国的分歧。但从另一个角度来看，观念建构存在较强的不确定性，并且共同观念的产生某种程度上依赖于集体身份，集体身份的建构是个极其复杂的任务，这就要求学者在对"一带一路"进行学理探究时把握好观念作用的限度。

除此之外，还有一些学者已经尝试从经济学、政治经济学

---

① 禹钟华、祁洞之：《共同体模式与霸权模式："一带一路计划"与"马歇尔计划"的本质区别——兼论基于中国文化理念的国际金融体系构建纲领与原则》，《国际金融》2016年第10期。

② 许娟、王玉主：《非对称软制衡：理论构建及对中国崛起的影响》，《当代亚太》2021年第2期。

或发展经济学的角度，对"一带一路"倡议与联合国2030年可持续发展议程的对接进行了尝试性的研究，如从两者对接的意义、挑战及方向上进行了分析，具体表现为要加强理念、政策、落实平台和具体目标的对接。① 通过对"一带一路"倡议与世界经济增长要素特征的耦合进行学术探讨可以看出，"一带一路"倡议中所体现的开放性、包容性、创新性及合作性，以其所要求的世界经济联动增长环境反过来促进全球化和自由化。② 有学者以中国—东盟的环境合作为案例分析联合国2030年可持续发展议程与"一带一路"倡议的对接，主要体现在绿色丝绸之路及应对气候变化的全球治理层面。③ 针对"一带一路"倡议与联合国2030年可持续发展议程的对接，还有学者从其对接的内涵、目标和路径上开展了分析，认为将两者对接起来可对中国的全球参与能力及全球治理的引领能力起到提升作用，同时亦可促进全球可持续发展目标的实现，具体到路径上需要从理念、领域和机制上着力。④ 中国在深化"一带一路"合作过程中可以考虑与联合国合作，比如与联合国2030年可持续发展议程实现理念、目标、手段、项目、评估等方面的战略对接，此外还可与联合国15个专门机构中的某些对应机构开展合作，

---

① 曹嘉涵：《"一带一路"倡议与2030年可持续发展议程的对接》，《国际展望》2016年第3期。
② 白泉旺：《中国"一带一路"倡议与世界经济联动增长特征的耦合研究》，载《2030可持续发展目标与"一带一路"建设——中国新兴经济体研究会2017年会暨2017新兴经济体论坛（国际学术会议）论文集》，2017年。
③ 董亮：《联合国可持续发展议程与"一带一路"倡议下的中国—东盟环境合作》，《中国—东盟研究》2018年第2期。
④ 朱磊、陈迎：《"一带一路"倡议对接2030年可持续发展议程——内涵、目标与路径》，《世界经济与政治》2019年第4期。

南南合作的机制也是"一带一路"需要积极利用的平台。① 这些研究成果虽从不同侧面将"一带一路"倡议与联合国2030年可持续发展目标结合起来,但不论是对接的目标、方向还是路径,总体来讲都是从宏观层面开展的研究,并没有实现发展经济学、"一带一路"倡议、联合国2030年可持续发展目标的有机结合。

综合来看,关于"一带一路"的研究早已引起了学术界的高度重视,并从权力政治逻辑、新自由制度主义到观念建构等分析了"一带一路"的不同方面,初步尝试了运用发展经济学的视角开展研究,这为我们认识"一带一路"提供了广阔视角。仍需要注意的是,以上不同维度的分析都存在某种程度上的片面性。本书的研究既发挥了发展经济学作为一种研究领域更广泛、研究层次更深入的视角优势,同时又引入国际政治相关理论将"一带一路"倡议与联合国2030年可持续发展目标相结合,从而彰显了立意更高的全球发展倡议图景。

---

① 张贵洪:《中国、联合国合作与"一带一路"的多边推进》,《复旦学报》(社会科学版)2020年第5期。

二　发展经济学之下"一带一路"倡议与可持续发展的理论机理

发展经济学因其本身的理论建构就是在传统政治经济学基础上实现的一次重大扩展和跨越，这为我们认识"一带一路"倡议提供了更广阔的和深入的角度。在"一带一路"倡议不断深化实施的今天，运用研究方法更科学、研究视角更开阔的发展经济学，并结合国家政治相关理论对其进行剖析，既是对"一带一路"倡议的重新认知，也是对联合国 2030 年可持续发展议程自提出以来的梳理，更为联合国 2030 年可持续发展议程的进一步落实提供了重要的借鉴意义。在进行实证论证之前，需要先对发展经济学的逻辑机理进行条理化的梳理，搭建分析"一带一路"倡议与联合国 2030 年可持续发展议程之关系的分析框架，以此形成体系化的论证。

（一）可持续发展、"一带一路"倡议、发展经济学的发展历程及界定

1. 可持续发展的演变：从《人类环境宣言》到联合国 2030 年可持续发展议程

可持续发展是指在不损害后代人满足其需求能力的基础上实现当代人发展需要的满足。此过程需要协调经济增长、社会包容以及环境保护这三大核心要素，使所有社会成员为更具包

容性、可持续性及韧性的未来而共同努力。① 1972年6月在斯德哥尔摩举办的联合国环境会议上提出了可持续发展的理念，大会一致通过了《人类环境宣言》，这是针对如何保护环境和应对环境挑战而召开的首次国际会议。虽然《人类环境宣言》只是较为宽泛的环境政策及目标，尚不具有规范性立场，但也正是基于这次会议，国际社会逐步开始重视可持续发展的问题，国际环境行动主义的范围及内容在不断扩展。② 在延续斯德哥尔摩精神的基础上，1987年，世界环境与发展委员会发布了《我们共同的未来》报告，③ 明确提出了现在国际社会广泛认可的可持续发展定义：既能满足当代的需要，又不损害子孙后代满足其需要的发展模式。④《我们共同的未来》的出版为可持续发展理念的深入及对相关议题的讨论奠定了重要基础。可持续发展的体系不断完善，主要体现在机构设置和议题的多样化方面。在1992年6月于里约热内卢召开的地球首脑会议（后称里约会议）上，大会签署了《关于环境与发展的里约宣言》《21世纪议程》和《关于森林问题的原则声明》，并在《联合国气候变化框架公约》和《生物多样性公约》这两份多边协议上开放签字，这次会议关注到了小岛屿发展中国家、荒漠化防治及鱼类

---

① 关于可持续发展的解释参见联合国网站：https：//www. un. org/sustainabledevelopment/zh/development – agenda/。

② Günther Handl：《1972年〈联合国人类环境会议的宣言〉（〈斯德哥尔摩宣言〉）和1992年〈关于环境与发展的里约宣言〉》，联合国国际法试听图书馆，2012年。

③《我们共同的未来》也称《布伦特兰报告》，联合国世界环境与发展委员会发布，1987年先后于世界环境与发展委员会及第42届联合国大会上通过，同年由牛津大学出版社发行。

④ World Commission on Environment and Development, *Our Common Future*, Oxford University Press, 1987.

种群等问题，同时也促成了联合国可持续发展委员会的建立。①相隔20年的《人类环境宣言》与《里约宣言》不仅是可持续发展系统化的关键节点，也是国际环境法演变史上的重大里程碑，共同开辟了现代国际环境法时代。②

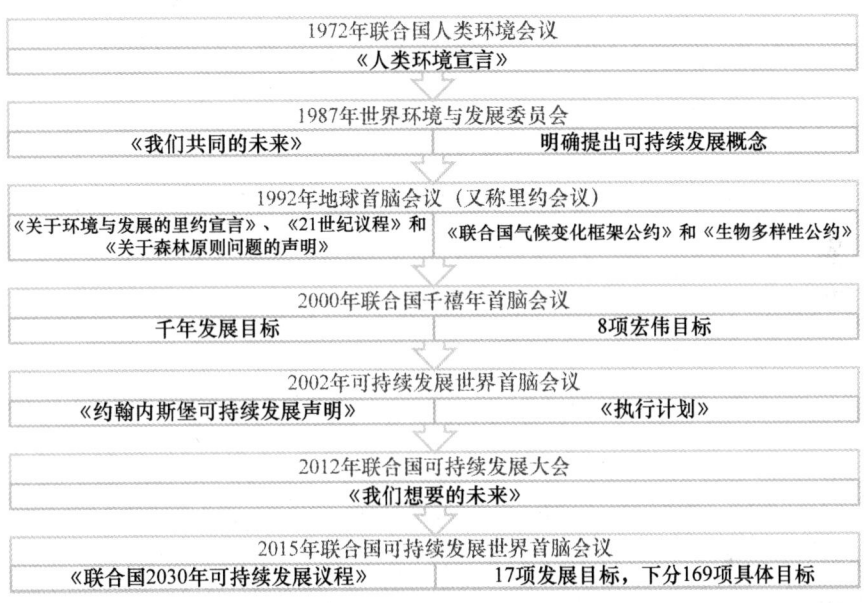

图2-1 可持续发展相关会议和报告

注：图为笔者自制。

进入21世纪以来，在秉承联合国会议及首脑会议精神的前提下，2000年9月联合国189个成员国在纽约表决通过了8项千年发展目标，承诺以2015年为限在实现人类可持续发展方面取得实质性进步。千年发展目标涵盖8个方面，主要涉及消灭贫穷、教

---

① 《21世纪议程》决定于1992年第47届联大上审议通过建立可持续发展委员会，1993年2月正式成立。

② Sand, "The Evolution of International Environmental Law", in D. Bodansky, J. Brunnée & E. Hey, eds., *The Oxford Handbook of International Environmental Law*, Oxford University Press, 2007, pp. 33-35.

育普及、性别平等、儿童死亡率、产妇保健、疾病、环境和伙伴关系。① 在此基础上，联合国先后召开了一系列重要会议，并启动了"千年项目"和"千年运动"等计划。千年发展目标一定程度上为发展共同体的建设起到了促进作用，但其本身因目标不够宏伟和不够优化等问题遭受到一些诟病。此后，在 2002 年 8 月约翰内斯堡的里约十周年特别会议上审议了《21 世纪议程》的实施情况，并发布了《约翰内斯堡可持续发展声明》和《执行计划》，倡导多边主义和伙伴关系的构建，并更为关注发展中国家的可持续发展问题。② 在 2012 年的联合国可持续发展大会上，不仅发布了《我们想要的未来》文件，还决定成立联合国可持续发展高级别政治论坛，取代 1993 年成立的联合国可持续发展委员会，使得可持续发展决策和行动更合理化和制度化。为了适应新时期可持续发展的需求，基于千年发展目标取得的成就，2015 年联合国所有会员国通过了联合国 2030 年可持续发展议程，涵盖了未来 15 年要实现的 17 项发展目标及相关的 169 个具体目标，涉及范围更广、目标也更加长远。新目标不仅包含了经济、社会与环境三个维度，还在工业化、城市社区、和平正义等方面提供了具体指向。由此可见，可持续发展的理念在不断扩展，相关的体系也是在一步步的探索中日臻完善起来的。

2. "一带一路"倡议的发展：从"丝绸之路"到"一带一路"

"一带一路"倡议传承着古丝绸之路的合作交流精神，在新

---

① UNDP, *Human Development Report 2003 Millennium Development Goals: A Compact Among Nations To End Human Poverty*, Oxford University Press, 2003.

② 联合国：《可持续发展问题世界首脑会议的报告》，南非约翰内斯堡，2002 年 8 月 26 日—2002 年 9 月 4 日，https://undocs.org/pdf?symbol=zh/A/CONF.199/20。

时代致力于构建与沿线国家的伙伴关系，共同打造人类命运共同体。两千一百多年前，汉代的张骞带领使团首次出使西域，之后西域与长安的交流逐渐密切，丝绸之路开始进入繁盛时代。在这条古道上，不仅有以丝绸为典型代表的大宗商品货物的交换，还有文化思想的传播。丝绸之路是东西方和欧亚大陆友好往来的重要平台和见证，也是中国古代探索与各国人民加强合作与沟通的重要成果。古代丝绸之路分为陆上丝绸之路和海上丝绸之路，前者是指西汉张骞出使西域开辟的连接亚欧大陆的陆上通道，起于长安终于罗马；后者是指中国与其他各国交往的海上通道，从中国东南沿海出发，最远到达非洲东海岸。广义上的丝绸之路还包括游牧民族合作交流的草原丝绸之路等。丝绸之路改变了历史是因为打通了原来封闭的圈层，穿行的人们在这条路上传播了他们的文化思想和理念。① 可以说，从古代开始，中国就在致力于跨地区的合作与包容，共商共建共享的理念早在丝绸之路时就已显现出了其历史雏形。古丝绸之路的形成和发展彰显的是中国文化中的友好、合作、共享、共赢、包容精神，是跨越族裔、宗教、国别、区域的全球发展格局和理念，这种精神和理念是中国文化的基因，也是指导数千年中华文明生生不息的关键因素。

　　进入新时代，国际社会发生了深刻变化，传统安全问题与非传统安全问题更迭出现，各国发展所面临的挑战异常严峻，在这种时代背景下，延续古丝绸之路的"和平合作、开放包容、互学互鉴与互利共赢"精神，习近平总书记 2013 年提出了共建"一带一路"倡议。"一带一路"倡议是指共建"丝绸之路经济带"和"21 世纪海上丝绸之路"，致力于亚欧非陆路及海洋上更大范围、更高水平和更深层次的合作，构建全方位、多层次、

---

　　① ［美］芮乐伟·韩森：《丝绸之路新史》，北京联合出版公司 2015 年版，第 179—210 页。

复合型的互联互通网络，这不仅顺应了全球化、多极化和多样化的发展潮流，也是对全球治理模式的积极探索。"一带一路"倡议坚持共建的原则，通过开放合作、和谐包容、市场运作和互利共赢，让共建成果普惠到更广泛的区域。将活跃的东亚经济圈、经济发展潜力巨大的众多腹地国家和发达的欧洲经济圈贯通起来，实现优势互补和陆海空网络的构建。由于各国资源禀赋各异，"一带一路"倡议在政策沟通、设施联通、贸易畅通、资金融通和民心相通五个合作重点方面加强合作，此外在合作机制上也实现多样化，不仅重视双边合作，还注意强化多边合作机制，深度挖掘丝绸之路历史文化遗产的积极作用。在此倡议下，中国开展积极行动，从高层引领、签署合作框架、推动项目建设到完善政策措施、发挥平台作用进行了一系列务实合作。① 在各方共同努力下，"六廊六路多国多港"的互联互通架构基本形成，一大批合作项目落地生根。面向未来，我们要聚焦重点、深耕细作，共同绘制精谨细腻的"工笔画"，推动共建"一带一路"沿着高质量发展方向不断前进。要秉持共商共建共享原则，倡导多边主义，坚持开放、绿色、廉洁理念，努力实现高标准、惠民生、可持续目标。②

面对纷繁复杂的国际局势和复苏乏力的经济形势，弘扬丝绸之路精神弥足珍贵，"一带一路"倡议的内涵和目标就是对古丝绸之路精神的传承及对当今国际社会现状的准确把握。从丝绸之路到"一带一路"倡议彰显了中国对可持续发展理念的不

---

① 《国家发展改革委、外交部、商务部联合发布〈推动共建丝绸之路经济带和21世纪海上丝绸之路的愿景与行动〉》，中华人民共和国商务部，2015年3月31日，http：//www.mofcom.gov.cn/article/ae/ai/201503/20150300928878.shtml。

② 习近平：《齐心开创共建"一带一路"美好未来——在第二届"一带一路"国际合作高峰论坛开幕式上的主旨演讲》，人民出版社2019年版，第2页。

懈探索，但其发展的内涵更为丰富和深入，涵盖的范围也更加广泛。这充分说明，中国致力于人类社会美好理想的追求在不同时期有不同的表现形式，都为世界和平发展注入了新动能。不管是丝绸之路还是"一带一路"倡议，都是中华文明与世界其他文明交流互鉴、友好往来的平台，从古至今，中华民族文化基因中一直存在着共同发展、合作共赢的全球观和世界观，将德行的好坏和恰当与否，一家一国的行为准则落脚到"君子"的评判上，这与西方传统中的权谋、征服、争霸等逻辑有着本质区别。"一带一路"倡议在延续这种"君子之交"的精神之下，根据新时代国际形势及发展需求，以开放包容、美美与共的理念，全方位推进利益共同体、责任共同体和命运共同体的建设。

3. 发展经济学的演变历程

发展经济学的发展有着深刻的历史渊源，1776年亚当·斯密（Adam Smith）的《国富论》、1867年马克思（Karl Heinriuh Marx）的《资本论》、1942年保罗·斯威齐（Paul Marlor Sweezy）的《资本主义发展论》、1946年莫里斯·多布（Maurice Herbert Dobb）的《资本主义发展的研究》等著作研究了经济增长或资本主义发展等相关问题，他们所研究的内容都可以称作广义上的发展经济学。而现在我们所说的发展经济学研究，主要涉及以第二次世界大战为起点的欠发达或发展中国家和地区的经济发展问题。一般而言，经济学的发展大致经历了重商主义、古典经济学、新古典经济学、凯恩斯主义、新古典—凯恩斯主义等阶段。重商主义相当于古典经济学的前传，它一定程度上可以被视为绝对主义君主与商人、资本家之间形成的权力联盟，相互之间交换财富和权威。[①] 古典经济学认可自然自由

---

① ［美］小罗伯特·B.埃克伦德、［美］罗伯特·F.赫伯特：《经济理论和方法史》，杨玉生等译，中国人民大学出版社2017年版，第41页。

体系，主张自由竞争和"廉价政府"，重视对私有财产的保护。其中边沁（Jeremy Bentham）的功利主义、马尔萨斯（Thomas Robert Malthus）的人口论、大卫·李嘉图（David Ricardo）的地租理论和比较优势原则、萨伊定律、约翰·穆勒（John Stuart Mill）的折中主义都以各自的思想为古典经济学的发展做出了突出贡献。在对自由市场重新定义及对相关经济问题重新梳理的基础上，新古典经济学在边际革命的刺激下诞生了，由英国学派、洛桑学派和奥地利学派构成。① 它重视个人主义、自由市场和有限政府，同时也对社会问题给予了较多关注，并实现了经济学向经济科学的转化。20世纪30年代的大萧条使人们认识到了新古典经济学的弊端，催生出了凯恩斯主义经济学，新自由主义也逐渐获得了更多人的认可，这种观点认为，自由放任无益于大萧条下的一系列问题的解决，只有通过政府采取积极行动才能奏效。由此，第二次世界大战后形成了三大凯恩斯主义派别，即新古典—凯恩斯主义、后凯恩斯主义和新凯恩斯主义，但即使这些派别内部针对一些问题也存在争议。发展经济学就是在这些传统经济学的基础上发展起来的，本文所指代的发展经济学以发展中国家如何实现经济发展、现代化和工业化为研究对象。

关于发展经济学的发展历程众说纷纭，代表性观点主要包括，20世纪70年代中期霍利斯·钱纳里（Hollis B. Chenery）和查尔斯·金德尔伯格（Charles P. Kindleberger）先后在其著述中将发展经济学的理论历程分为三部分，分别是新古典主义发展理论、激进的和马克思主义的发展理论、结构主义发展理论。②

---

① 杨春学：《欧美经济思想史的意识形态谱系——基于自由主义类型的分析》，《经济思想史学刊》2021年第3期。

② ［美］霍利斯·钱纳里：《结构主义者对发展政策的探讨》，《美国经济评论》1975年5月；［美］查尔斯·金德尔伯格、［美］布鲁斯·赫里克：《经济发展》，上海译文出版社1977年版，第202—210页。

发展经济学的演变一定程度上可以从现代意义上经济发展理论的变化中反映出来。第二次世界大战后有四大经典的发展理论，分别是线型增长模式、结构变革理论与模式、国际依附革命理论以及反新古典主义革命经济理论（或称新自由主义）。[1] 中国学者张培刚在批判继承以往发展经济学理论的基础上，结合国际政治经济中的现实和在联合国相关部门的工作经历，将发展经济学分成了四个发展历程，即传统的或新古典主义的发展理论、民族民主观点的发展理论、激进学派的发展理论、世界银行或联合国研究机构的发展理论。[2] 发展经济学自第二次世界大战后大致经历了两波思潮，分别是结构主义和新自由主义，结构主义的观点认为发展中国家落后的根本原因是市场失灵，单纯依靠市场"看不见的手"自发调节并不能实现资源的优化配置，这就需要国家宏观调控的干预，但权力的介入不可避免地会带来寻租和腐败行为，反而导致发展效果较差。20世纪70、80年代在反思结构主义的过程中产生了新自由主义，主张政府消除市场扭曲，推行经济自由化，其改革方案也被成为"华盛顿共识"。但从其成效来看，这种政策也存在争议。[3] 在之前理论的基础上，林毅夫提出了新结构经济学的发展理论。[4] 该理论采用的是新古典经济学方法研究经济增长的本质及其决定因素，切入点是要素禀赋结构，微观基础是企业的自生能力，新结构经济学认为比较优势会带来快速发展，强调在经济发展过程中

---

[1] ［美］迈克尔·P. 托达罗、［美］斯蒂芬·C. 史密斯：《发展经济学》，聂巧平等译，机械工业出版社2014年版，第74—87页。

[2] 张培刚：《发展经济学往何处去——建立新型发展经济学刍议》，《经济研究》1989年第6期。

[3] Easterly W., *The Elusive Quest for Growth: Economists Adventures and Misadventures in the Tropics*, Cambridge: MIT Press, 2001, pp. 234–237.

[4] 林毅夫：《新结构经济学的理论基础和发展方向》，《经济评论》2017年第3期。

既需要"有效的市场",还需要"有为的政府",发展中国家的产业升级需要与比较优势变化一致,政府发挥限制作用。①

不管是可持续发展的理念、"一带一路"倡议还是发展经济学都经历了复杂的演变过程,在不同的发展阶段发展的内涵在不断深化、范围也在不断拓展,从中可以看出本书以发展经济学的视域来研究"一带一路"倡议与联合国 2030 年可持续发展目标这一议题有着坚实的历史基础和现实关怀。

表 2-1　　　　第二次世界大战后发展经济学相关流派及观点

	主要观点	代表性理论流派		
新古典主义	重视市场与国际贸易、反对国家干预	新古典自由市场论	索洛的新古典增长模型	
结构主义	强调经济中的持续不均衡状态、发展中国家的异质性,市场会失灵,主张国家干预	罗森斯坦—罗丹的"大推进"理论	普雷维什—辛格的"中心—外围"理论	缪尔达尔的"扩散效应"与"回波效应"理论
新自由主义	强调自由市场、低效国有企业私有化、消除政府过多干预等	新政治经济学理论	"市场亲善"论	
激进主义	强调发达国家与欠发达国家间的不平等,主张打破支配—依附格局,倡导自主发展	新殖民主义模型	虚假范例模型	二元发展论

资料来源:笔者自制。

---

① Lin Yifu., *Economic Development and Transition: Thought Strategy and Viability*, Cambridge MA: Cambridge University Press, 2009, pp. 599 – 607.

4. 西方的抹黑及"一带一路"倡议的典型特征

据联合国经济与社会事务部公布的数据显示，2015 年"一带一路"沿线国家的人口数量在世界人口中占比 62.3%，而在不考虑任何移民的情况下，到 2030 年包括中国在内的沿线国家的人口总数将达 54 亿人左右。① 城市化还将进一步持续，这在一定程度上意味着日益增长的人口对全球经济的需求也将扩大，预计 2030 年"一带一路"沿线国家人口增至 54 亿人，城市化进程仍在继续，预计到 2030 年按规模等级划分的城市群和城市群增长率会不断提高。而其中基础设施建设以及能对经济发展有所助益的投资项目也应增加，这就为可持续发展目标的实现带来了重大挑战。而自共建"一带一路"倡议提出以来，中国为沿线国家的基础设施建设、经济发展、社会生活水平的提高做出了突出贡献，在全球范围内极大地推动了联合国 2030 年可持续发展目标的实现进程。

"一带一路"倡议在开放包容性、共赢性与可持续性等方面有着突出表现，但是在国际政治社会中，某些西方国家仍未摆脱冷战思维和权力政治博弈的态度，对于中国综合国力的增强和国际影响力的提升，以美国为首的西方大国出现了"不安全感"和"霸权焦虑"，进而拉拢其他盟友或伙伴国围堵中国，这对于后疫情时代的经济恢复和社会发展带来了强大阻碍。不仅如此，西方国家还对"一带一路"框架下的项目展开各种抹黑行动，诋毁"一带一路"倡议取得的成就，并且这种态势不断升级，已经逐步从语言文字上落实到了行动上，美国的"重建更美好世界"计划（Build Back Better World，以下简称 B3W）

---

① 《"一带一路"绿色投资促进气候行动》，World Economic Forum，2021 年 11 月 25 日，https：//cn.weforum.org/agenda/2021/11/yi-dai-yi-lu-lv-se-tou-zi-cu-jin-qi-hou-xing-dong/。

就是拜登政府上台后针对"一带一路"倡议做出的新阶段的战略围堵。随之，印太地区的地缘政治竞争形势也更为严酷，除了韩国、日本、印度、澳大利亚、新西兰等印太地区国家对中国形成了逐渐密切的包围网，英国、法国和德国等国家也先后派出战舰进入南海地区，对于这些国家，不管是基于展示日益强大的政治和军事存在，还是在中美竞合关系中站在美国一边对中国加以遏制，以后在中美间进行对冲的大国平衡之术，都在客观上加剧了印太地区的紧张态势。尤其是在新冠肺炎疫情的背景下，全球经济下行且各国面临着严峻的经济恢复压力，这种态势的演进使得当前的国际交往更加复杂化、不明确化、不稳定化。

在"一带一路"倡议不断深化实施的过程中，高质量共建"一带一路"将继续推进，进一步巩固互联互通的合作基础以及可持续、惠民生项目的增加，通过"硬联通"和"软联通"双向合力，拓展国际合作的新空间。"一带一路"倡议与联合国2030年可持续发展目标的对接将会更加紧密，在中国以往为可持续发展目标做出的努力基础上，高质量共建"一带一路"也将在更大范围和更深程度上为可持续发展目标的达成注入新的动能。

(1) 西方国家对"一带一路"倡议的抹黑

"一带一路"倡议在国际社会中遭受到了某些西方国家的妖魔化评价，指责、批评甚至诋毁"一带一路"倡议为沿线国家的经济发展做出的贡献，也枉顾中国为联合国2030年可持续发展目标做出的成就。西方国家主要以中国版"马歇尔计划""债务陷阱论""地缘政治扩张论""新殖民主义"等标签看待"一带一路"倡议。其实究其根本原因仍是西方国家将经济问题意识形态化，冷战思维仍是其看待问题的基本视角，传统的西方中心主义并没有发生本质变化。在传统的西方视角中，中国作为社会主义国家并非与所谓的"西式民主"同类的民主形式，再加上历史因素的影响,西方国家认为中国的发展势必"威胁"到西方主导的国际政治经济旧秩序。此外还存在国际体系方面的原因,第二次世界大战以来西方国家成为国际秩序的主导者,"一带一路"倡议的扩大性影响以及西方国家在国际社会中的相对衰落,所以他们认为"一带一路"倡议是中国争夺国际话语权和国际规则制定权的表现。①

部分西方大国的新闻媒体鼓吹"一带一路"制造了"债务陷阱",是一种"新殖民主义",其实这些负面评价的背后都有其更深层次的含义来主导,中国经济和影响力的显著发展使得欧盟、美国等国家存在一种发展上的落差,尤其是欧盟内一些国家民粹主义思想的抬头,加剧了对正处于不断发展中的中国的敌意,再加上欧盟内中东欧那些传统上结构不发达甚至贫穷的国家对中国的投资需求逐渐扩大,增强了欧盟其他成员的"不安全感",将中国视为"分裂"欧盟的势力。

在抹黑"一带一路"倡议的国家中,美国尤为积极。美国对"一带一路"倡议的指责和诋毁不仅体现在舆论上,还有现实战略的竞争性替代,2021年美国提出B3W计划,根据白宫新闻公报,该计划准备投入40多万亿美元的基础设施投融资,抢夺"一带一路"倡议与沿线国家的合作项目。美国对"一带一路"倡议的态度其实反映了对中国发展的态度,中美竞合态势经历了奥巴马政府时期的"亚太再平衡"、特朗普时期的"印太战略"以及现阶段拜登政府的升级版"印太战略",中美两国也从以往的包容性竞争、对冲走向了更为严峻的竞合态势。美国在"美国中心主义"和"美国优先"的框架下,对中国挑起的竞争在范围上从地区走向了全球、在竞争力量上从印太盟友伙伴扩大到了太平洋和大西洋的盟友联动、在竞争的重点上从实

---

① 《西方质疑抹黑"一带一路"的若干舆论与应对》,《智库言论》2021年第12期。

体走向了国际规则。① 然而,西方国家的抹黑没有任何依据,"一带一路"倡议与西方的"马歇尔计划"有着本质区别,"一带一路"倡议为国际社会提供了重要的公共产品,是具有巨大包容性的合作平台,不仅从减贫和减少不平等、构建包容与可持续的社会、应对气候与环境问题、加大投资与援助的承诺和力度上做出了重要贡献,还强有力地促进了联合国 2030 年可持续发展目标的实现进程,在高质量共建"一带一路"的进程中,中国智慧和中国方案也将发挥更大作用。

(2)"一带一路"倡议的互利共赢性

"一带一路"倡议从提出之际就坚持共商、共建、共享的原则,体现了互利共赢的特征。正如习近平主席在 2013 年 9 月的二十国集团领导人第八次峰会第一阶段会议上的讲话中指出的"一花独放不是春,百花齐放春满园"②,这是中国从古至今一贯的态度,及与世界共同发展、互利共赢的姿态。"一带一路"倡议将各方的利益和关切都考虑在内,在此基础上寻找最佳的利益契合点并最大限度地提升能兼顾各方利益的空间和维度。高质量共建"一带一路"成绩斐然。2021 年,中国援非"万村通"乌干达项目使得 900 个村落实现了接入卫星数字电视信号,截止到 2021 年 12 月,中国已与 22 个国家建立了"丝路电商"合作模式,数字丝绸之路也进入了快速建设之中,并与 84 个"一带一路"共建国家形成了科技方面的合作关系,累计投入近 30 亿元支持科技创新和研发。此外,基础设施"硬联通"加速推进,"一带一路"倡议下的合作项目为东道国的基础设施建设提供了资金和技术支持,中老铁路顺利通车,老挝由过去的

---

① 龚婷:《美国对"一带一路"的舆论新攻势及应对建议》,《对外传播》2022 年第 1 期。

② 《习近平在二十国集团领导人第八次峰会第一阶段会议上发言》,人民网,2013 年 9 月 6 日,http://world.people.com.cn/n/2013/0906/c1002-22826309.html。

"陆锁国"转变成了现在的"陆联国",同时中国助力沙特推进"2030愿景"和"国家转型计划"与沙特签署了红海新城储能项目,与俄罗斯的核能合作项目也顺利开工。据世界银行的数据统计,"一带一路"倡议下的合作项目使全球760万人摆脱了极端贫困,3200万人从中度贫困中脱离了出来,中欧班列运行70多条线路,与世界20多个国家的170多个城市相连通。①

"一带一路"倡议在不断深化实施的过程中,始终坚持共赢的理念,中国在脱贫攻坚战取得全面胜利的同时,迄今已向166个国家和国际组织提供发展援助,为120多个发展中国家落实联合国十年发展目标提供有力支持,为非洲、拉丁美洲、南太平洋地区、东盟、中亚、欧洲等世界各地区人民的减贫和减少不平等进程起到了推动作用。② 在世界经济下行和各国面对紧迫的发展压力之下,2021年中国的对外投资高达9366.9亿元,同比增长2.2%,其中对"一带一路"沿线国家的非金融类投资同比增长了14.1%,促进了东道国的经济建设。在对外承包工程大项目方面,2021年合同额上亿美元的新签项目共560个,为东道国上缴税费达66亿美元,并为当地创造39.2万个就业岗位,这对于当地的社会稳定及人民生活水平的提高起到了极大的促进作用,中国真正以实际行动做到了与世界人民的互联互通和互利共赢。③ 面对新冠肺炎疫情的威胁,中国积极向120多个国家和国际组织分享中国经验,并提供了20多亿剂的新冠肺炎疫苗支持,在世界其他国家承担国际责任的承诺和力度下

---

① 《高质量共建"一带一路"成绩斐然——二〇二一年共建"一带一路"进展综述》,《人民日报》2022年1月25日。
② 《为全球发展合作擘画蓝图》,中国政府网,2021年12月21日,http://www.gov.cn/xinwen/2021-12/21/content_5663006.htm。
③ 《2021年中国对外投资超9300亿元》,中华人民共和国商务部,2022年1月21日,http://tradeinservices.mofcom.gov.cn/article/yanjiu/hangyezk/202201/129816.html。

降的情况下，中国继续发挥负责任大国的角色，继续向非洲国家和东盟国家分别无偿援助 6 亿剂和 1.5 亿剂新冠肺炎疫苗，共将向非洲国家提供 10 亿剂新冠肺炎疫苗。① 在高质量共建"一带一路"的进程中，中国将继续坚持互利共赢的原则，为全人类的共同发展和联合国 2030 年可持续发展目标的实现做出中国贡献。

（3）"一带一路"倡议的开放包容性

在中国的文化基因中，自古就有"海纳百川，有容乃大""和羹之美，在于合异""美美与共，天下大同""河海不择细流，故能就其深"等文化包容心态。"一带一路"倡议从提出到现在的高质量共建始终以开放包容为导向，在合作理念上，"一带一路"倡议贯彻和平发展与互利共赢，与利益相关方秉持共商共建共享的原则；在合作空间上，"一带一路"以"陆上丝绸之路"和"海上丝绸之路"两条主线打通了欧亚非，并不断向拉丁美洲、南太平洋地区等拓展，尽可能地为更多国家提供共同发展的机遇；在合作领域上，以政策沟通、资金融通、货物畅通、设施联通和民心相通为目标，建设"六廊六路多国多港"，开拓了具有开放和包容的合作领域；在合作方式上，"一带一路"不断创新合作，既利用上海合作组织、亚投行丝路基金、RCEP 等机制，未来还将进一步开拓更具发展潜力和韧性的机制。②

"一带一路"在基础设施方面的互联互通、经贸合作水平的提升、产业投资的拓展、能源资源合作的深化、金融合作领域

---

① 习近平：《坚定信心 勇毅前行 共创后疫情时代美好世界——在 2022 年世界经济论坛视频会议的演讲》，中华人民共和国外交部，2022 年 1 月 17 日，https：//www.mfa.gov.cn/web/ziliao_674904/zyjh_674906/202201/t20220117_10601025.shtml。

② 《"一带一路"具有四个开放包容的特征》，国务院新闻办公室，2015 年 10 月 16 日，http：//www.scio.gov.cn/ztk/wh/slxy/31215/Document/1452045/1452045.htm。

的拓展、人文交流的增强、生态环境以及海上合作项目的推进等方面不断做出努力。"一带一路"倡议在发展过程中真正践行多边主义，不仅从理念、领域、议题等方面坚持开放包容，还在制度和机制方面尊重和维护其他国家和地区的发展模式。中国通过共建"一带一路"与世界多国共同探索发展道路，建构了全方位、复合型的合作伙伴关系，"一带一路"倡议使相关国家的贸易实现了不同程度的增长，涨幅从2.8%到9.7%，同时也为全球贸易的发展做出了重要贡献，全球贸易相较于"一带一路"倡议之前的发展态势增长了1.7%—6.2%，全球收入也增加了0.7%—2.9%，在中国与140多个国家和32个国际组织的200多份"一带一路"合作文件中，涉及多个领域的一大批合作项目逐渐落地，将不同国家和地区的利益凝结在一起，一方面促进了对外开放格局的深化，另一方面也强化了各国和各地区的战略对接。[①] 中国通过"一带一路"倡议的实施，以及亚洲开发银行的建设等项目，使得沿线国家和地区都能享受到"一带一路"所带来的红利。

（4）"一带一路"的可持续性

2017年5月中国发布了《关于推进绿色"一带一路"建设的指导意见》（以下简称指导意见），突出生态文明和绿色发展的理念，全面服务"五通"，保障生态环境的安全，同时还加强绿色合作平台的建设，包括建设智库、政府、企业、社会组织等在内的多元参与主体合作平台。此外，指导意见进一步制定完善的政策措施，发挥区位优势，加强环保能力的建设。[②] 可持

---

① 人民日报评论员：《共建"一带一路"取得实打实沉甸甸的成就——论学习贯彻习近平总书记在第三次"一带一路"建设座谈会上重要讲话》，《人民日报》2021年11月21日。

② 《四部门联合发布〈关于推进绿色"一带一路"建设的指导意见〉》，中国政府网，2017年5月27日，http://www.gov.cn/xinwen/2017-05/27/content_ 5197523.htm。

续性是"一带一路"倡议的重要发展方向,在联合国 2030 年可持续发展议程不断推进的过程中,"一带一路"倡议积极与联合国 2030 年可持续发展目标对接,从而能够持久地为世界经济复苏注入动能。中国为世界发展提供了重要的公共产品,此外还在继续开拓新机制,进一步融入全球化之中,签署 RCEP 并申请加入 CPTPP(《全面与进步跨太平洋伙伴关系协定》),在发展的过程中追求绿色可持续,先后发布《"一带一路"生态环境保护合作规划》《"一带一路"绿色投资原则》。2021 年 10 月 24 日,国务院发布了《2030 年前碳达峰行动方案》,重点实施"碳达峰十大行动"(能源绿色低碳转型行动、节能降碳增效行动、工业领域碳达峰行动、城乡建设碳达峰行动、交通运输绿色低碳行动、循环经济助力降碳行动、绿色低碳科技创新行动、碳汇能力巩固提升行动、绿色低碳全民行动、各地区梯次有序碳达峰行动),将碳达峰贯彻于经济、社会、文化等发展的各个过程方面,在非化石能源消费比重方面到 2025 年和 2030 年分别达到 20% 和 25% 左右,到 2030 年单位国内生产总值二氧化碳排放比 2005 年下降 65% 以上。①

在 2019 年 4 月 25 日举行的第二届"一带一路"国际合作高峰论坛绿色之路分论坛上,"一带一路"绿色发展国际联盟成立,分论坛还正式启动了"一带一路"生态环保大数据服务平台。该联盟包含了 40 多个国家的 150 多家中外合作伙伴,而"一带一路"生态环保数据服务平台将 100 多个国家的生物多样性数据纳入进来,120 多个国家的 2000 多人加入绿色丝路使者计划,"一带一路"能源合作伙伴关系成为一种新型的绿色伙伴关系模式,中国企业投资建设的阿根廷赫利俄斯风电项目群每

---

① 《国务院关于印发 2030 年前碳达峰行动方案的通知》,中国政府网,2021 年 10 月 26 日,http://www.gov.cn/zhengce/content/2021-10/26/content_5644984.htm。

年可为阿根廷提供 16 亿千瓦时的清洁能源，每年可减少 65 万吨的煤炭燃烧和减少 180 万吨的碳排放，此外哈萨克斯坦图尔古孙水电站和克罗地亚塞尼风电项目每年分别可减排二氧化碳达 7.2 万吨和 46 万吨，这些成就为应对气候变化发挥了重要的作用。①"一带一路"倡议下绿色新发展理念的引入做到了经济发展和环境保护兼得。在中巴经济走廊中，瓜达尔港获得了彻底的改造，从过去的百废待兴变成了"绿色明珠"，生态优先绿色发展的道路使得绿色成为高质量共建"一带一路"的底色，"天不言而四时行，地不语而百物生"，中国积极践行《巴黎协定》，并将进一步提高国家自主贡献力度，以新发展理念把握新发展阶段，开创新发展格局，努力建设人与自然和谐共生的现代化。

虽然西方国家以不公正和不公平的态度诋毁抹黑"一带一路"倡议，但其本质是在冷战思维之下挑起的意识形态竞争，罔顾中国为世界经济和联合国 2030 年可持续发展目标做出的贡献，将中国摆放在对立面。但不管国际局势如何风起云涌，"一带一路"倡议始终在坚定地深化实施，以人民为中心的合作理念、共商共建共享的合作原则、高质量高标准惠民生的合作方向始终没有发生变化。"一带一路"倡议有着共赢性、开放包容性和可持续性，不仅致力于互利共赢，还将进一步为全球人类的可持续发展做出努力。我们相信，"一带一路"高质量发展将开辟人类和平与发展的新境界，助推联合国 2030 年可持续发展目标的落实，进而开启全球发展的新格局新面貌，推动实现更加强劲、绿色、健康的全球发展，并以其丰富实践和丰硕成果进一步筑就实现全球发展倡议目标的阳光大道。②

---

① 《构建人与自然生命共同体》，《人民日报》2021 年 12 月 24 日。
② 王灵桂、杨美姣：《发展经济学视阈下的"一带一路"与可持续发展》，《中国工业经济》2022 年第 1 期。

（5）生态文明建设与共建"一带一路"

中国将生态文明领域的建设与合作作为共建"一带一路"的重点内容，并发起了一系列绿色活动，其中包括绿色基建、绿色能源、绿色金融等，更加契合联合国 2030 年可持续发展目标的要求。"生态兴则文明兴，生态衰则文明衰。"[1] 习近平总书记关于生态与文明关系的论断从整体上将生态文明置于关系到文明兴衰的重要地位。党的十七大首次提出把生态文明建设作为全面建设小康社会的新要求之一，党的十八大在原有的经济建设、政治建设、文化建设和社会建设的基础上增添了生态文明建设，构建了完整的"五位一体"中国特色社会主义总体布局，开启了生态文明建设的新征程。将生态文明建设提升至"五位一体"总体布局的战略高度，是全面建成小康社会、实现民族伟大复兴的必然要求，也是人民群众日益增长的生态保护要求和建设美丽中国的积极诉求，体现了我们党一直坚持以人为本、坚持人与自然和谐的科学发展观。生态文明作为"五位一体"总体布局的一部分，还将发挥着独特的基础性作用，使之"融入经济建设、政治建设、文化建设、社会建设各方面和全过程"[2]，这不仅意味着中国现代化发展理念的根本转变，也蕴含着坚持绿色发展、合理利用资源的文明理念。

将生态文明建设提升至关系民族前途和国家未来的战略高度，是对经济与生态关系认识的重大转变。在近代社会转型时期，亚当·斯密继承了霍布斯和洛克的思维方式，认为个人本质上是自利的，在自由市场经济的背景下，个人能够最大程度地发挥自己的能动性获得经济财富，并利用"看不见的手""不

---

[1] 习近平：《坚持节约资源和保护环境基本国策 努力走向社会主义生态文明新时代》，《人民日报》2013 年 5 月 25 日。

[2] 本书编写组：《十八大报告辅导读本》，人民出版社 2012 年版，第 64 页。

知不觉地增进了社会利益"①。在那个时代，农业作为基础产业还发挥着重大作用，亚当·斯密认为，土地还远远未开发完毕，已开发的土地可以依靠技术进步增加生产效率，农业所获得的资本积累又促进了工业部门的发展，这一切将使工业生产不断走向繁荣。因此，亚当·斯密对未来抱有十分乐观的态度，经济可以在无须考虑生态的情况下持续不断地发展下去。马尔萨斯从人口与环境的关系入手，打破了斯密等人关于资本积累必然导致经济进步的乐观主义幻想。马尔萨斯观察到，人口将成几何倍的数量增长，而生活资料的增长远远比不上人口的增长，大量人口的出现必然会导致越来越多的贫困现象，土地必然被耗尽，环境也将惨遭破坏，人类的未来只能是极其悲观的。亚当·斯密与马尔萨斯之争以各种形式持续了上百年，但无论对错与否，在事实上都促进了人类生态意识的觉醒。

马克思揭示了在资本主义生产条件下环境必然会被破坏的原因。在《1844年经济学哲学手稿》中，马克思提出了异化劳动必然会导致人与自然的异化，这种异化关系最终会产生严重的生态问题。在马克思看来，异化劳动包括四个方面的内容：人与自己劳动产品的异化、人与自己劳动活动的异化、人与自己类本质的异化以及人与人的异化。在人与自己类本质的异化中，集中蕴含着人与自然的异化。作为一种类存在物，人把自身视为一种有生命的存在者。有生命的存在者要想生存，就必须拥有能为自己提供生活产品的自然，这表现为：在理论上，自然为人提供了作为科学认识的对象和作为艺术审美的对象；在实践上，自然为人准备了生产和生活的物质产品。换句话说，只有依靠自然提供的生活产品，人才能够生存下去，因此，自然本身就是"人为了不致死亡而必须与之处于持续不断的交互

---

① ［英］亚当·斯密：《道德情操论》，蒋自强译，商务印书馆2013年版，第232页。

作用过程的、人的身体"①。马克思由此揭示了人与自然的两层关系：第一，自然是人获得生存材料的手段和工具；第二，人与自然休戚与共、血肉相连。然而，在资本主义生产条件下，人为了追求无限的利润和财富，异化劳动"把类生活变成维持个人生活的手段"②，这也就使人把自然仅仅当作手段和工具，忽视了人与自然休戚与共、血肉相连的一面。

社会主义生态文明是在继承中西古典文明优秀传统和反思现代工业文明基础上发展而来的新型生态文明，体现了对马克思主义生态文明的深化和发展，是世界各国人民应当发扬的共同价值。社会主义生态文明观要求我们正确理解经济发展与生态保护的关系。马克思以异化劳动为中介揭示了人与自然的异化的同时，也为我们恢复人与自然和谐共处的关系指明了方向，即扬弃异化劳动，正确理解经济与生态的辩证关系。首先，盲目的经济发展必然会破坏生态环境，恶劣的生态环境也必然会影响经济发展。经济发展需要大量的自然资源，如水、土地、石油等，在不注重保护的前提下，自然资源有可能消耗殆尽，并由此引发大气污染、水污染、气候变化等生态问题，这些生态问题的出现反过来又会成为制约经济发展的不利因素。其次，保护生态环境离不开经济的发展，经济发展要以生态环境保护为前提。在当前生态环境依然遭到破坏的情况下，经济发展可以提供资金和技术支持用以保护环境，保护生态要以经济发展为支撑。同时，生态环境也能为经济的持续发展提供源源不断的物质基础，使经济发展获得基本的物质保障。最后，保护生态环境就是在促进经济发展。生态环境与经济发展是有机统一的，保护生态就是保护生产力，就是在促进经济发展，这也是

---

① ［德］马克思：《1844年经济学哲学手稿》，中共中央马克思恩格斯列宁斯大林著作编译局译，人民出版社2014年版，第52页。

② ［德］马克思：《1844年经济学哲学手稿》，中共中央马克思恩格斯列宁斯大林著作编译局译，人民出版社2014年版，第52页。

"绿水青山就是金山银山"的题中之义。"绿水青山就是金山银色"背后所隐含的是发展方式和理念的深刻转变,从粗放型的经济发展模式到坚持推动绿色发展方式,这不仅反映了人民对人与自然和谐的美好生活的向往,也体现了中国共产党对生态文明认识的重大观念转变。

社会主义生态文明观要求我们以生态整体论的视角看待人与自然的关系。地球是所有存在物唯一可以依存的家园,地球上的生命体和非生命体构成了一个巨大的共同体,共同体的每一个成员都具有自身独特的价值,并与其他成员相互依赖,我们从"土地共同体征服者转变为它的普通成员和市民"[1]。习近平总书记指出,"人因自然而生,人与自然是一种共生关系"[2]。我们需要摒弃征服自然、践踏自然的错误观念,而是要尊重自然、顺应自然、保护自然。在工业文明社会中,人类不断地向自然索取,误以为能够改变自然为人类所用,事实上,我们所改变的只是自然的表象,却无法改变自然的规律。中国共产党坚持马克思主义生态文明观,秉持人与自然和谐共处的理念,从生态系统整体性出发,与世界各国开展生态文明交流合作,共同建设地球美好家园。

社会主义生态文明观要求我们把握传统与现代相结合的生态文明之美。中国古代思想包含有丰富的生态文明思想,无论是孟子的"仁民爱物",抑或是张载等人的"民胞物与",都体现了中国古代与自然和谐共生的"天人合一""道法自然"的生态文明思想,彰显了中国古代思想对待自然的人文主义关怀。在工业文明主导下的现代化进程中,生产力得到极大的解放,人类的物质生活不断得到提高,但以技术进步、城市化发

---

[1] Alod Leopold, *A Sand County Almanan*, Oxford University Press, 1946, p. 207.
[2] 习近平:《在省部级主要领导干部学习贯彻党的十八届五中全会精神专题研讨班上的讲话》,《人民日报》2016年5月10日。

展和市场经济为主要特征的工业文明对生态环境造成了破坏。生态文明并不是要回归原始文明或抛弃工业文明,而是要吸收古代传统和工业文明的积极作用,实现工业文明的生态化。因此,生态文明不是科技能力不足、靠天吃饭的古代自然生活,也不是一心追求经济发展、无视自然发展规律的现代工业生活,而是同时兼具人文主义自然精神和科技高度发达的当代美好生活。

(二) 以发展经济学为分析视角的原因

根据以往的研究可知,学者们已经从不同领域和角度讲述了对"一带一路"的认识,其中包括经济、国际政治、社会学等领域。学者们也以经典的现实主义、自由制度主义和社会建构主义等理论框架分析了"一带一路"倡议提出的背景、内涵及深远影响。传统经济学也从"一带一路"与经济增长之间的关系、不同类型国家之间利用"一带一路"的可能性和效率等方面展开研究,然而,这种线性的处理方式已经不太能契合新时代发展的需求,也远远背离了"一带一路"的题中之义。一些国际政治或者国际政治经济学的学者从典型的国际政治理论出发,要么从现实主义的角度展开分析,以权力政治逻辑将"一带一路"倡议中伙伴关系构建或合作平台的形成污名化,要么从自由制度主义或观念的视角切入,分析"一带一路"开展的背后原因或产生的影响。权力政治逻辑的背后有其政治因素的影响,在一定程度上超出了学术研讨的范围,以经济合作论或观念建构论为主体的研究都有其合理性,但也只是在较为狭窄的领域对经济、制度、文化、观念等某些方面的研究。社会学领域对"一带一路"的研究也存在这一问题,这些研究都带有强烈学科的色彩,这为进行"一带一路"的条块化分析奠定了重要基础,但是从另一个角度看,随着人类命运共同体的构建和各方面全球化的推进，再加上中国作为负责任大国角色的建构，从全球的视角和综合分析的维度重新认知"一带一路"当属应然之势。

　　发展经济学的研究视角更具全球性，这种全球性既包括研究对象所跨范围的全球性，还包括研究内容的全球性。与传统的新古典主义经济学或政治经济学相比，发展经济学不仅要关注资源的有效配置和持续增长，还要阐发其背后的公共机制和个人机制，此外，为了实现社会结构和体制的顺利转型，经济、政治和文化诉求也是其关注的对象，这从其发展阶段的演变历程就可以看出。有学者根据发展经济学的演变历程将其分成了三个阶段：第一个阶段从20世纪40年代末到60年代初，第二个阶段从20世纪60年代中到70年代末，第三阶段是指20世纪80年代以后。而在发展经济学的发展过程中有结构主义、新古典主义、新古典政治经济学及激进主义四种发展思路。在第一阶段的发展经济学中结构主义是一种重要的影响思路，以罗森斯坦·罗丹（Paul Rosenstein – Rodan）、普雷维什（Raúl Prebisch）和缪尔达尔（Gunnar Myrdal）等为代表，该理论认为新古典主义经济学和凯恩斯主义与发展中国家的实际并不契合，强调经济中的持续不均衡状态以及发展中国家的异质性，要求在发展中国家制定新的分配政策。20世纪50—70年代，新古典主义思路成了主要分析方法，代表人物有鲍尔（P. Batler）、舒尔茨（T. Schultze）等人，该理论认为发展过程是渐进的、连续的、走向均衡的过程，强调价格机制，重视国际贸易，反对国家干预。而20世纪80年代后，新古典主义的发展经济理论逐渐凸显了其问题，进而新古典政治经济学崭露头角。新古典政治经济学认为制度具有内生性，要想实现经济发展需要推动制度变迁，权力会扰乱市场的正常运转，重视产权和公共政策。激进主义则认为新古典经济学不切实际，推导出了发展中国家与发达国家间的支配—依附关系理论,倡导自主发展。①

从发展经济学的实际发展来看,发展经济学大体经历了新古典主义、结构主义、新自由主义和激进主义阶段。第二次世界大战后发展经济学兴起,新古典主义经济学对发展经济学产生了重要影响。充分肯定市场的作用,并认为它们的理论具有普适性。20世纪50年代发展经济学的一些学者进行了反思,认为发展中国家存在异质性,并且单纯依靠市场会导致市场失灵后的混乱,主张国家干预,在此基础上提出结构主义。而在发展过程中政府的作为也为经济发展带来了一定负面影响,之后引入新自由主义,弱化政府干预的效用。激进主义学派的发展经济学则有些后现代主义的色彩,其实是一种解构主义,从殖民与掠夺的角度分析造成欠发达国家贫困的原因,在此基础上提出了依附理论。发展经济学的发展历程为我们进一步认识其内涵和重要性奠定了重要基础,也为进一步搭建发展经济学的分析框架提供了更多的思路。

可以看出,发展经济学设法将传统经济学的相关理论和关键概念与第二次世界大战后新出现的区域或跨区域模型相结合,其自身的理论和方法在不断更新,这为人们认识发展中的经济提供科学视角。发展经济学超越传统分析方法的表现还体现在,它重视价值的重要作用以及经济和非经济因素之间的互动关系,启发人们思考在伦理和规范的价值前提下,最优是否是需要考量的核心要素,并是否能够作为社会体系的经济所蕴含的多层复杂关系模式。传统的分析方式强调的是人均收入和国内生产总值的增加,而发展经济学为我们提供了关于"发展"的新界定,它的发展概念包含结构、观念和国家制度的变化,经济增长的加速、不平等程度的降低和贫困的消除等多维过程和全方

---

① 谭崇台:《发展经济学概论》(第二版),武汉大学出版社2008年版,第8—37页。

位变迁，发展既是一种物理现实也是一种精神状态。① 而发展实质上是自由的扩展。② 可以说，发展经济学为我们认识发展中国家的发展搭建了新的更为科学的分析平台，它更具全面性和多维性，更为重视发展的真正内涵和意义，更为关注生计、自尊和自由。③ 在这样一个具有全球视野和体系视角的框架下分析"一带一路"倡议，在一定程度上能有效提升国际社会对"一带一路"的认知层次，也更能贴合中国提出此倡议之时为全人类谋福利的立意。

（三）发展经济学的分析框架和关键变量

发展经济学的主要研究内容是收入增长及其相关问题。从前文的分析可知，它给我们的研究提供了更广阔的全球视角和多重思考维度，不仅关注持续增长，还将其背后的发展机制也纳入进来，从国内和国际等角度考察一些诸如贫困、不平等、教育与卫生、环境、国际贸易等方面的议题。根据发展经济学的基本研究框架、"一带一路"倡议、联合国 2030 年可持续发展目标、当前国际社会的重要形势转变（尤其是新冠肺炎疫情这一全球公共卫生事件的发生和中美两国竞争态势的变化），本书主要从贫困与不平等、经济发展、健康与可持续社会、气候与环境、投资与援助五个方面展开论述。这五个方面基本包含了发展经济学的重要研究领域和内容，以此角度展开对"一带一路"倡议及联合国 2030 年可持续发展议程的分析，更是对全

---

① ［美］迈克尔·P. 托达罗、［美］斯蒂芬·C. 史密斯：《发展经济学》，聂巧平等译，机械工业出版社 2014 年版，第 5—12 页。

② Amartya Sen, *Development as Freedom*, New York: Knopf, 1999, p. 14.

③ Dennis Goulet, *The Cruel Choice: A New Concept in the Theory of Development*, New York: Atheneum, 1971, p. 87.

球可持续发展问题的再思考和再评估。

1. 贫困与不平等

消除贫困和不平等是所有关于发展问题的重要内容,也是制定发展战略和衡量发展成效的主要参考。根据世界银行的数据显示,目前世界上有 7 亿多人仍生活在极度贫困中,这一数字占世界总人口的 1/10。[①] 贫困现象不仅存在于欠发达国家,在最富裕国家中,尚有 3 千万左右的儿童家境贫困。[②] 此外,在全球国家内部及国家之间仍存在强烈的不平等,将任何一部分排除在外,就无法实现可持续发展。我们同处人类命运共同体中,贫困和不平等不仅不利于经济发展,而且会对社会凝聚力、政治与社会局势等方面产生强大的破坏作用,同时也是动乱和冲突的源头之一。实现长久与可持续发展的前提和重要基础是获得能满足人民稳定生活的国民收入,与此同时实现收入增长的主体以及"蛋糕"的分配者也至关重要,因为在此过程中涉及平等与正义的问题,从这些角度上讲,消除贫困是一项艰巨的工程,但在分配中实现过程平等和目标平等对于发展的长久之计而言也是重要的组成部分。消除贫困和不平等是影响发展问题的关键内容,基于其对其他问题的关联性影响,也对发展政策和战略的制定提供了方向。

因此在发展经济学的框架中关注贫困和不平等是研究经济发展和社会进步的重要内容,当然,消除贫困和不平等的方法有很

[①] 《世界银行:全球极端贫困率持续下降但速度放慢》,世界银行,2018 年 9 月 19 日,https://www.shihang.org/zh/news/press - release/2018/09/19/decline - of - global - extreme - poverty - continues - but - has - slowed - world - bank。

[②] "No Poverty:Why It Matters", United States, https://www.un.org/sustainabledevelopment/wp - content/uploads/2016/08/1 _ Why - It - Matters - 2020. pdf.

多种,但因它们都具有多维度特性,因此任何一个政策方案都无法孤立实现,而需要相互配合和促进。衡量贫困和不平等的标准多样,包括衡量不平等的规模收入分配(Size Distribution of Income)、个人收入分配(Personal Distribution of Income)、洛伦兹曲线(Lorenz Curves)、基尼系数(Gini Coefficient)、功能或要素收入分配比例(Functional or Factor Share Distribution of Income)等,以及衡量贫困的贫困人口指标(Headcount Index)、总贫困差距(Total Poverty Gap)、FTG 贫困指数(Forster – Greer – Thorbecke Index)、人类贫困指数(Human Poverty Index),以及后来使用的多维贫困指数(Multidimensional Poverty Index)等。但不管是何种衡量标准都是为了更精确地确定贫困和不平等的对象和区域并进行针对性的解决。在处理贫困和不平等的问题上不仅需要重点关注生活在贫困中的人们及其不平等问题,还需要考虑贫困线以上的不平等问题,这是因为经济效率、社会的稳定与团结、努力工作和创新的动机所需的收入结果的近似平等都会受其影响。[1]

2. 经济发展

因为发展经济学所研究的主要问题就是经济发展,经济发展可以说是内嵌于发展经济学的每一个方面,我们可以在发展经济学的框架下将经济发展的内涵界定为经济增长、工业化、现代化和生产消费等方面。经济发展关乎国计民生,是其他可持续发展目标达成的重要前提,也是改善人们生活水平的必要条件,这也直接影响着基本生活需求能力。而不管是个人还是国家,只有满足了基本生存需求,才能追求更多目标。[2] 各国经

---

[1] [美]迈克尔·P. 托达罗、[美]斯蒂芬·C. 史密斯:《发展经济学》,聂巧平等译,机械工业出版社 2014 年版,第 144—145 页。

[2] Dennis Goulet, *The Cruel Choice: A New Concept in the Theory of Development*, New York: Atheneum, 1971, p. 124.

济存在巨大差异是全球经济最显著的特征,发展经济学所要研究的是发展中国家的经济发展及相关问题,而区分不同国家的标准之一就是人均收入,将类型各异的国家分为低收入国家、中等收入国家和高收入国家。在这种标准的划分下,不同国家行为体会介于这一身份采取某些集体行为。经济增长一定程度上产生的"外溢"效应进而推动社会、文化,甚至政治领域的进步。

当然经济发展也有诸多影响因素,例如土地、资本、劳动力、人力资本、技术进步、制度因素等基本条件,还存在一些经济发展方面的障碍,包括经济障碍中的市场经济的不完善、金融体系的脆弱以及发展资金的匮乏等,政治障碍中的政局稳定性、政治上的不独立、政府缺乏经济发展的意愿和能力,社会障碍中的社会保障体制之后、人口压力沉重及人口素质低,和自然障碍等方面。① 因此发展是一个多维度和全方位的过程,包括社会结构的变化、普遍观念的转变、国家—社会制度的演变,其中经济增长的加速、不平等程度的降低以及贫困的消除是重要方面。通过从上至下、从里至外的全面变迁,使得社会体系能够满足不同个体和群体的基本需求及期望,使人们摆脱不满意的生活状态,从物质和精神两个层面都获得能够满足生计、自尊和自由的条件。生计是指能够满足基本需求的能力,从这个角度讲经济发展对于改善生活质量而言是必要条件,自尊是指不被他人当作工具的真正价值感和自我尊重感,是作为一个人而存在的状态,而自由是指有自我选择的能力,经济发展不仅提升了人们选择的能力和水平,也拓展了选择范围,而这正是幸福指数提升的重要方面。②

---

① 车维汉主编:《发展经济学》,清华大学出版社2019年版,第20—35页。

② [美]迈克尔·P. 托达罗、[美]斯蒂芬·C. 史密斯:《发展经济学》,聂巧平等译,机械工业出版社2014年版,第10—15页。

3. 健康与可持续的社会

健康与可持续的社会所包含的领域非常广泛，诸如提供公平和包容的优质教育、培养人们健康的生活方式、为人们提供清洁卫生的水资源、创建良好的社区文化、关注和解决城市化过程中出现的问题等方方面面。根据联合国的数据显示，未来几十年里，绝大多数（95%）的城市化会发生在发展中国家，人口流动过程中会给如淡水供应、公共卫生、就业、生活环境等造成压力，不管是刘易斯模式、拉尼斯—费模式还是托达罗模式，这些不同的分析模式都可以启发人们思考人口流动与经济发展和社会进步之间的关系。发展经济学突出的优势之一就是关注资源配置背后的个人机制和公共机制，这些机制形成和发展的土壤就是一个较为完善的社会体系。在社会中努力实现人们的参与性，并尽力实现真实参与。[①]

而营造健康与可持续的社会涉及国家与社会、政府与市场等要素间的平衡问题。市场经济存在不可避免的弱点和缺陷，这就需要宏观调控在资源动员和配置以及对公众心理的影响上有所举措。良好社会的构建需要处理诸如腐败、分权化以及参与度的问题，还应该考虑到内外部的经济变动、制度缺陷和冲突的爆发。一国公民受教育程度的高低、健康生活方式的形成与否不仅关乎国民素质的高低，也是人口质量的重要表征。社会进步归根到底体现在人的身上，而提升人的素质和能力的途径有多种，比如增加教育成本、改革教育体制、重视社会制度的革新、良好社区文化的构建、清洁能源的提倡、关注不断演进的城市化过程中的结构性失业、城市移民以及城市卫生和医

---

① David Deshler and Donald Sock, "Community Development Participation: A Concept Review of the International Literature", paper presented at the Conference of the International League for Social Commitment in Adult Education, Sweden, July 1985.

疗保健等方面的问题。社会是人类生活的基本区域，建立健康和可持续的社会是一个囊括众多方面的工程，实现人类社会的可持续发展必须将社会要素考察在内。可持续发展中对于良好社会的建设给予了重要关注，这是因为在现代，人类活动基本发生在社会中，社会的可持续与否是关乎国家乃至国际社会可持续发展的重要方面，因此健康与可持续的社会是发展经济学框架中不可或缺的组成部分。

4. 气候与环境

人类的可持续发展与环境息息相关，两者相互依存和制约，环境不仅为人类活动提供了必要的空间和物质基础，还营造着人类质量的整体氛围感。气候变化正在影响着世界上的任何一个国家，从国民经济到人民生活，从人类健康到社会发展，人们无差别地受到来自气候危机的攻击。虽然受新冠肺炎疫情的影响，全球温室气体排放量自2019年年底以来有所下降，但气候变化并未停止恶化的进程，随着经济复苏，气候危机的程度将会进一步加深。对于发展中国家而言，气候危机和环境恶化可能会与贫困形成一个"自循环的陷阱"，出于经济发展的急迫心态或短视，有些国家往往会耗竭资源，以不可持续的方式实现经济数字的上升，不可避免地增加了发展中国家的环境压力，也进一步会对其他方面的发展目标带来威胁。虽然发展中国家不是气候变暖的始作俑者，但气候变化会最先波及这些国家。[①]

发展中国家既受到传统环境问题的影响，还面临世界现代化和工业化过程中造成的新型污染等问题，缺少充足的清洁水源和卫生设施加剧了发展中国家传染病的传播与流行，而从更大的范围来看，空气污染、土地污染、荒漠化等问题也对人类

---

① Nicholas Stern, "The Stern Review on the Economics of Climate Change", 2006.

的生活质量和可持续发展带来了重大挑战。全球变暖和气候变化逐渐成为影响国家社会可持续发展的新常态,而对于并没有太多应对能力和经验的发展中国家而言,这些变化进一步加剧了国内的贫困和不平等,进而对联合国 2030 年可持续发展目标的达成带来阻碍。对于减少温室气体的排放,各国提出了不同的改进措施以缓解环境压力,可以说气候与环境问题已经是影响人类可持续发展的关键因素,绿色、低碳能源和技术的倡导对于每个个体和每个国家而言都至关重要,气候与环境的改善需要全人类的共同努力。发展经济学视域下,气候与环境问题是一个重要的考量方面,因为只有这样才能更加全面和科学地衡量经济发展水平和质量,也才能更准确地评估联合国 2030 年可持续发展目标的实现进程。在新冠肺炎疫情后的经济恢复过程中,联合国呼吁各国以清洁、健康、绿色、安全和更具韧性的方式实现经济的可持续转型。

5. 投资与援助

对于发展中国家而言,获得援助是实现经济增长和贸易发展的重要途径之一,但随着国际政治局势的变化,援助水平在不断下降,一些援助国也并没有兑现援助承诺。关于投资与援助的影响虽然充满了争议,比如传统主义认为援助有利于发展中国家的经济增长和结构转型,而批评者认为援助实际上甚至可能是阻碍经济发展的诱因。[①] 然而,对于一些最不发达的国家而言,它们确实需要援助来摆脱贫困的恶性循环,只是必须要改变的是获取援助的方式和援助的效率。尤其是新冠肺炎疫情之下,相较以往,大多数发展中国家尤为缺乏足够的资金和资源来管控疫情危机,外部投资与援助显得更加重要,而发达国

---

① William Easterly, *The Elusive Quest for Growth: Economists' Adventures and Misadventures in the Tropics*, Cambridge: MIT Press, 2001, pp. 25 – 47.

家也存在类似困境，单凭一己之力难以有效应对公共卫生危机，后期经济恢复过程中，国家之间更需要强有力的合作，构建团结的伙伴关系才能有助于联合国2030年可持续发展目标的实现和整个国际社会的良性运行。

投资与援助是发展经济学的重要考察内容，对于投资而言，外国直接投资与跨国公司对于国际贸易和国际资本的流动逐渐发挥着不可忽视的作用。2021年以来外国直接投资已经成为发展中国家的重要外资来源，而跨国公司的发展从一定程度上为发展中国家带来了就业计划、提供了发展契机，在这个过程中，先进的发展理念也在不断影响着发展中国家的发展。虽然针对外国直接投资是否真正有利于发展存在广泛争论，例如支持者认为这可以填补储蓄、财政收入及管理上的缺口，反对者认为扩大了发展差距，但不可否认的是，外国投资确实对于发展中国家的发展不可或缺。同样对于外国援助的态度也是如此，援助的有效性虽然经过了严格测试，但对于广大落后的发展中国家而言，获得外国援助是实现经济发展与可持续的重要方式，增长和储蓄、技术援助以及吸收能力影响着援助的效力。

在实现人类可持续发展的过程中，发达国家对发展中国家的投资与援助对于发展中国家的经济发展和结构转型起着重要作用，尤其在新冠肺炎疫情背景下，全球经济呈现下行趋势，投资与援助的力度也有所下降，同时援助水平也在降低，这对于受新冠肺炎疫情影响较大的欠发达国家和地区而言，要从公共卫生危机中恢复过来更加困难，而这也阻碍了联合国2030年可持续发展目标的实现。因此，加强全球伙伴关系的建设与合作，重振可持续的路径，才能推动可持续发展目标的实现。

从发展经济学的视角将分析框架分为贫困与不平等、经济发展、可持续社会、气候与环境、投资与援助五个方面为研究诸多国际政治和经济现象提供了有益的参考，也在一定程度上促进了研究方法的创新。"一带一路"倡议自提出到深化实施以

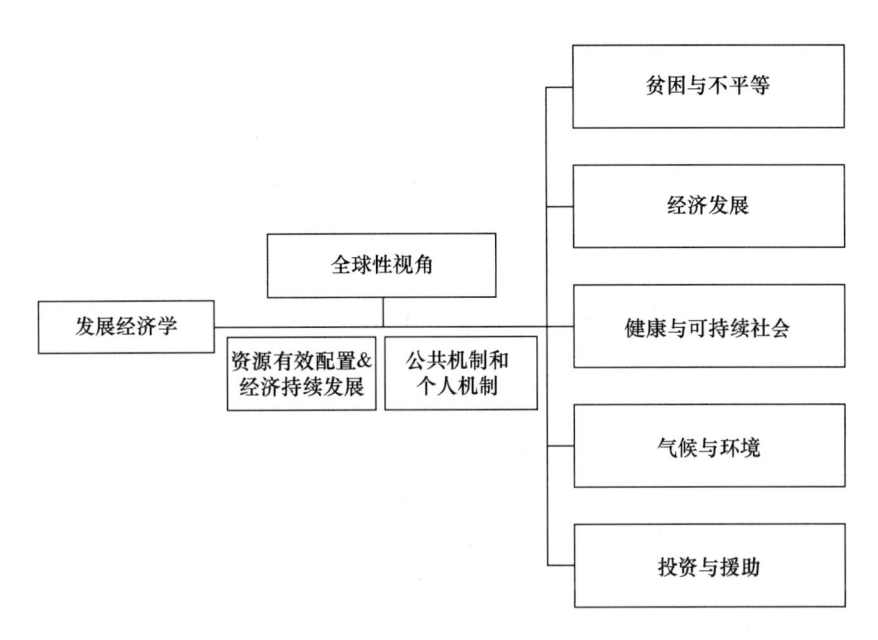

图 2-2 发展经济学视角下的分析框架

注：图为笔者自制。

来，不仅为沿线国家带来了切实的发展红利，还与联合国2030年可持续发展目标完全吻合，是一种新的发展观与合作观，为全人类的可持续发展做出了突出贡献。

自"一带一路"倡议提出以来，从顶层设计到具体的部署实施都在层层深入，2016年、2018年和2021年习近平总书记先后三次出席"一带一路"建设座谈会并发表重要讲话，为推动共建"一带一路"擘画蓝图。习近平总书记在第一次座谈会中提出了"五通"建设，2021年的座谈会强调继续以"五通"为着力点，随着形势的变化提出"健康丝绸之路"和"丝路电商"，与此同时也更加注重风险管控，探索建立境外项目的风险预警评估的综合服务平台。"一带一路"的深入发展与全人类的发展诉求始终保持一致，推动构建人类命运共同体也是联合国呼吁全球合作与团结的典型表现。

三 发展经济学视阈下的"一带一路"倡议和联合国2030年可持续发展目标

通过梳理发展经济学的发展阶段、理论演变历程以及在新时代所具有的特征，本书在发展经济学视角下细分出了包含五个方面的分析框架，分别是贫困与不平等、经济发展、健康与可持续社会、气候与环境、投资与援助，这五个方面不仅体现了发展经济学传统意义上的发展理念，还涵盖了当前国际政治经济格局的重要变化。2015年3月国家发展和改革委员会、外交部和商务部经国务院授权联合发布了《推动共建丝绸之路经济带和21世纪海上丝绸之路的愿景与行动》，概括性阐述了共建"一带一路"的共建原则、框架思路与合作机制等内容，为推动这一系统工程的建设提供了方向。2015年9月，联合国世界首脑会议通过了联合国大会第70/1号决议，发布了《变革我们的世界：2030年可持续发展议程》，为人类和地球的生存发展制订了行动计划，议程中宣布了17个可持续发展目标和169个具体目标。"一带一路"倡议和可持续发展目标在理念、愿景及行动等诸多方面高度契合。

早在2010年，中国就与联合国开发计划署签署了《关于加强合作的谅解备忘录》以加强双方合作，这不仅是中国首次与多边合作组织签署这类协议，同时在此基础上，中国与联合国开发计划署共同设立并实施了多个创新合作项目，着重关注了

表3-1 "一带一路"相关基本内容

	内容	基本内涵	共建原则	框架思路	合作重点	合作机制	政策措施
"一带一路" 丝绸之路和平合作、开放包容、互学互鉴、互利共赢的丝路精神	丝绸之路经济带	开放性、包容性的区域性合作倡议，非排他性、封闭性的中国"小圈子"	恪守联合国宪章的宗旨和原则，遵守和平共处五项原则	贯穿亚欧非大陆，将活跃的东亚经济圈与发达的欧洲经济圈与发展潜力巨大的腹地国家联系起来	政策沟通	加强双边合作	高层引领推动
	21世纪海上丝绸之路	务实合作的平台，非中国的地缘政治工具	坚持开放合作	陆上依托国际大通道，以沿线中心城市为支撑，以重点经贸产业园区为合作平台，海上以重点港口为节点，共同打造国际经济合作走廊，建设通畅安全高效的运输大通道	设施联通	强化多边合作机制的作用	签署合作框架
		共商共建共享的联动发展倡议，非中国的对外援助计划	坚持和谐包容	努力建立安全高效的陆海空通道网络，高标准自由贸易区网络，更广泛深入地人文交流	贸易畅通	继续发挥沿线各国区域、次区域相关国际论坛会，支持沿线国家地方及民间挖掘"一带一路"历史文化遗产，倡议建立"一带一路"国际高峰论坛	推动项目建设

续表

历史缘起	内容	基本内涵	共建原则	框架思路	合作重点	合作机制	政策措施
丝绸之路及和平合作、开放包容、互学互鉴、互利共赢的丝路精神	21世纪海上丝绸之路	和现有机制相对接和互补，而非替代	坚持市场运作		资金融通		完善政策措施
"一带一路"		促进人文交流的桥梁，非触发文明冲突的引线	坚持互利共赢		民心相通		发挥平台作用

资料来源：笔者根据《推动共建丝绸之路经济带和21世纪海上丝绸之路的愿景与行动》整理。

五大重要领域：包括通过南南对话分享发展经验与成果、应对全球与区域问题、三方合作、加强私营部门参与到南南合作、对外援助体系经验分享等。① 这是中国不断深入参与国际事务的重要表现，也彰显了中国作为负责任大国的国际担当。

联合国 2030 年可持续发展议程呼吁所有国家团结起来采取行动，促进经济繁荣和保障人类发展可持续，是关乎全人类及子孙后代生存与发展的方向性指南，虽然很多国家和地区都积极开展并取得了一定成果，但是总体来说其进展规模和效率尚未达到目标所需水平，在接下来不到十年的时间中，可持续发展目标的实现为国家采取有力行动提出了更高挑战。在 2019 年 9 月的联合国可持续发展目标峰会上，联合国秘书长古特雷斯（António Guterres）呼吁各界从全球层面、地方层面和个人层面开展"行动十年"计划，在全球层面上积极开展全球行动，地方层面上政府与城市等行为体进行必要转型，而在个人层面上需要各类型利益攸关方参与进来推动变革。② 在 2021 年 7 月 13 日的"可持续发展高级别政治论坛"开幕式上，古特雷斯表示，通过评估全球在实现联合国 2030 年可持续发展议程发现，国际社会不仅没有取得进展，而且还离目标越来越远，尤其是新冠肺炎疫情的蔓延更加剧了这种趋势。因此古特雷斯呼吁各方在新冠肺炎疫情管控、气候行动、投资更平等和包容的社会、发展融资这四大关键领域采取决定性行动。③ "一带一路"作为重

---

① "中国的国际参与"，UNDP·中国，https：//www.cn.undp.org/content/china/zh/home/sustainable-development.html。

② António Guterres, "Remarks to High-Level Political Forum on Sustainable Development", United Nations, September 24, 2019, https：//www.un.org/sg/en/content/sg/speeches/2019-09-24/remarks-high-level-political-sustainable-development-forum.

③ "联合国秘书长古特雷斯：我们正与可持续发展目标渐行渐远"，联合国，2021 年 7 月 13 日，https：//news.un.org/zh/story/2021/07/1087892。

要的发展倡议,对沿线国家和地区以及整个国际社会的发展都做出了突出贡献,主要体现在伙伴关系网的构建、国家间关系的改善和在经济、文化、教育、卫生、气候等领域的密切合作。也正是在此背景下,以发展经济学的视角分析"一带一路"倡议所取得的成就,不仅进一步验证了"一带一路"正是在联合国可持续发展框架下的新发展与新合作,能更为国际社会在"行动十年"计划推进可持续发展目标的方向上提供有益的参考和指引。

表3-2　　　　联合国2030年可持续发展目标及具体内容

目标	具体内容
1. 无贫穷	在全世界消除一切形式的贫困
2. 零饥饿	消除饥饿,实现粮食安全,改善营养状况和促进可持续农业
3. 良好健康与福祉	确保健康的生活方式和促进各年龄段人群的福祉
4. 优质教育	确保包容和公平的优质教育,让全民终身享有学习机会
5. 性别平等	实现性别平等,增强所有妇女和女童的权能
6. 清洁饮水和卫生设施	为所有人提供水和环境卫生并对其进行可持续管理
7. 经济适用的清洁能源	确保人人获得负担得起的、可靠和可持续的现代能源
8. 体面工作和经济增长	促进持久、包容和可持续经济增长,促进充分的生产性就业和人人获得体面工作
9. 产业、创新和基础设施	建造具备抵御灾害能力的基础设施,促进具有包容性的可持续工业化,推动创新
10. 减少不平等	减少国家内部和国家之间的不平等

续表

目标	具体内容
11. 可持续城市和社区	建设包容、安全、有抵御灾害能力和可持续的城市和人类住区
12. 负责任消费和生产	采用可持续的消费和生产模式
13. 气候行动	采取紧急行动应对气候变化及其影响
14. 水下生物	保护和可持续利用海洋和海洋资源以促进可持续发展
15. 陆地生物	保护、恢复和促进可持续利用陆地生态系统,可持续管理森林,防治荒漠化,制止和扭转土地退化,遏制生物多样性的丧失
16. 和平、正义与强大机构	创建和平、包容的社会以促进可持续发展,让所有人都能诉诸司法,在各级建立有效、负责和包容的机构
17. 促进目标实现的伙伴关系	加强执行手段,重振可持续发展全球伙伴关系

注：表格由笔者根据联合国官网公开资料自制。

（一）贫困与不平等

在联合国2030年可持续发展议程中，17项可持续发展目标是该议程的重要内容，其中无贫困、零饥饿、性别平等和减少不平等是可持续发展目标中的第1、第2、第5和第10项，而消除贫困需要与一系列战略齐头并进。虽然全球极端贫困人口的比例在下降，但下降的速度在减缓，尤其是新冠肺炎疫情更给减贫目标的实现带来了严重的消极影响，在收入或消费萎缩20%的极端情况下，可能使世界贫困人口增加4.2亿—5.8亿人，占世界总人口的8%，也是自1990年以来贫困率首次增长。① 疫情这一全球公共卫生危机有可能使几十年来在消除贫困方面取得的进步发生逆转。② 在贫困人口增多的同时，饥饿现象也有所增加，在此过程中国家内部和国家之间的不平等都在一定程度上有所加剧，新冠肺炎疫情揭露出了经济上的不平等与社会安全网络的脆弱，在欠发达国家尤其突出，而其中性别不平等现象也是一个重要方面，女性在经济、政治、教育、社会等领域受到诸多不平等对待，这些都为实现可持续发展目标带来了严峻挑战。基于此，联合国2030年可持续发展议程指出，不让任何一个人或国家掉队对于可持续发展目标的实现至关重要。因此许多利益攸关方倡议开展"行动主义超级年"，推进可持续发展目标的实现。

从中国近些年取得的成就来看，中国努力实现可持续、惠民生、高标准的发展目标，大力促进全球共同发展，实现了第一个百年奋斗目标，全面建成了小康社会，中国不仅积极参与国际减贫合作项目，还加大减贫投入，提出"100个减贫项目"并大力全面落实。2013年11月，习近平总书记在湖南湘西花垣县十八洞村考察时首次提出了精准扶贫，2015年召开全国扶贫开发工作会议，提出脱贫攻坚目标中的"六个精准"和"五个一批"。党的十九大全面部署了精准脱贫攻坚战，在2020年管控新冠肺炎疫情的同时，以更强的力度做好脱贫攻坚各项任务。

---

① Andy Sumner etl., "WIDER Working Paper 2020/43: Estimates of the impact of COVID - 19 on global poverty", April 2020, https://www.wider.unu.edu/sites/default/files/Publications/Working - paper/PDF/wp2020 - 43.pdf.

② "SHARED RESPONSIBILITY, GLOBAL SOLIDARITY: Responding to the socio - economic impacts of COVID - 19", United Nations, March 2020, https://www.un.org/sites/un2.un.org/files/sg_report_socio - economic_impact_of_covid19.pdf.

从党的十八大以来，中国每年平均有1000多万人脱贫，脱贫地区的经济社会发展也发生了历史性转变，按照世界银行的贫困标准，中国减贫人口占同期世界减贫人口的70%以上。在现行标准下，中国9899万农村贫困人口实现了全部脱贫，832个贫困县全部摘帽，12.8万个贫困村全部出列，区域性整体贫困得到解决，完成了消除绝对贫困的艰巨任务，创造了又一个彪炳史册的人间奇迹！①

在平等方面中国通过"一带一路"倡议为沿线国家和地区的经济增长注入了新的动能，缩小了国家之间的发展差距。在性别平等方面，坚持男女平等始终是中国发展的基本理念，截至2021年，中国已经建立了全面保障妇女权益的法律体系，其中包括100余项法律法规，中国在义务教育阶段基本实现了性别平等，中国于1995年成功举办第四次世界妇女大会、2015年习近平主席主持全球妇女峰会，在2020年的联合国大会纪念北京世界妇女大会25周年高级别会议上习近平主席发表了重要讲话。此外，中国已连续6届成功举办了联合国教科文组织女童与妇女教育奖。② 在新冠肺炎疫情之下妇女和女童遭受的打击尤为巨大，针对妇女和女童的暴力风险持续存在，童婚和女性割礼的现象增加，新冠肺炎疫情也加重了女性无偿家务看护工作的负担，虽然女性担任越来越多的要职（女性在国家议会的代表比例从2015年的22.3%增加到了2021年的25.6%），但这主要基于立法上的性别配额制度，按目前的速度，至少需要40年

---

① 《习近平：在全国脱贫攻坚总结表彰大会上的讲话》，中国政府网，2021年2月25日，http://www.gov.cn/xinwen/2021-02/25/content_5588869.htm。

② 《中国联合国合作立场文件》，中华人民共和国外交部，2021年10月22日，https://www.fmprc.gov.cn/web/ziliao_674904/tytj_674911/zcwj_674915/t1916136.shtml。

时间才能在国家议会中实现性别平等。① 在这种背景下，中国为"实现性别平等，增强所有妇女和女童的权能"这一可持续发展目标的实现所做的贡献更为突出。

在减少贫困和不平等方面，中国还针对减贫工作做了充分的准备和调研工作，并进一步丰富了减贫的维度和内涵。结合百度提供的大数据，联合国开发计划署驻华代表处发布的《人类发展指数之生活水平维度：应用大数据测量中国贫困》报告提出了以人类发展指数为参考的生活水平指数的概念。提出了生活水平指数概念，通过对中国2284个县的针对性分析，设立了自来水普及率、道路基础设施覆盖率、卫生厕所普及率、生活服务设施覆盖率、夜间灯光密度、移动互联网覆盖率、金融服务设施覆盖率、室内厨房普及率8项指标形成衡量贫苦问题的有效补充，这对于进一步的减贫工作提供了有益的指导。② 同时，中国增强了惠及农民工及其家人的具有包容性发展的政府能力建设，设立4231410美元的总预算，通过技能培训、就业指导、教育和医疗保障等方面提升农民工的权益。③ 依据中国对少数民族地区的扶贫开发项目，中国开设了以文化为基础的少数民族发展项目，以375万美元的总预算促进少数民族的发展，增加其共享平等发展的机会，结合少数民族的特色与相对优势，

---

① 《2021年可持续发展目标报告》，联合国，https：//unstats. un. org/sdgs/report/2021/The－Sustainable－Development－Goals－Report－2021＿ Chinese. pdf。

② 《大数据开创贫困研究新维度：应用大数据测量中国贫困》，UNDP·中国，2016年10月24日，https：//www. cn. undp. org/content/china/zh/home/library/poverty/the－living－standards－dimension－of－the－human－development－index－－m/。

③ 《惠及农民工及其家人的包容性发展的政府能力建设》，UNDP·中国， https：//www. cn. undp. org/content/china/zh/home/operations/projects/poverty＿ reduction/capacity－building－in－promoting－social－inclusion－for－migrant－work. html。

中国国内领先的化妆品公司与联合国开发计划署建立伙伴关系以提高少数民族对传统手工艺品的品牌意识，同时拓展国内国际营销渠道与部分私营部门开展有效对接，不仅提高了少数民族地区的生活水平，也进一步促进了妇女参与到文化产业的发展。① 此外，中国妇女发展基金会倡导发挥女性在绿色消费中的作用，宣传城镇社区的绿色消费，培养健康的消费和生活习惯。

2021年9月23日，在联合国大会期间联合国粮食系统峰会召开，旨在促进粮食系统转型，倡导集体行动，改变传统的食物生产、加工、消费方式，营造可持续、安全、健康和公平的食品未来。据统计，全球1/3的粮食被浪费或损失，极端气候变化一方面给来年生产带来了更多挑战，另一方面粮食生产也是造成问题的一个重要部分，粮食生产活动排放的温室气体占全球人造温室气体的29%，全球80%生物多样性的丧失和80%的森林砍伐以及70%的淡水使用来源于粮食系统，在这种严峻挑战下转型粮食系统成为实现可持续发展目标的重要方面。② 利用粮食系统与贫困和不平等等可持续发展目标相关联，推动所有可持续发展目标取得实效进展，也正是在此次峰会上成立了可持续粮食系统促进健康饮食联盟和校餐联盟两个多利益攸关方的合作联盟，通过可持续的粮食系统满足全球人口对健康饮食的需求，也会使欠发达国家和地区的人民受益。2021年粮食系统峰会为联合国2030年可持续发展议程的实现提供了一个重要转折点，需要世界的广泛参与，这不仅在于加快消除贫困和饥饿，还致力于创造更具包容性和健康的粮食系统，而这些方面正是可持续发展目标中消除贫困与不平等的题中之义。

---

① 《以文化为基础的中国少数民族发展》，UNDP·中国，https://www.cn.undp.org/content/china/zh/home/operations/projects/poverty_reduction/culture-based-development-for-ethnic-minorities-in-china-.html。

② 《2021年粮食系统峰会》，联合国，https://www.un.org/sustainabledevelopment/zh/food-systems-summit-2021/。

中国脱贫攻坚战大致与"一带一路"倡议同步展开,其所取得的一系列成就是在"一带一路"框架下巩固的,两者将产生有益的相互促进作用。不仅如此,中国积极推动国际粮农治理,在"一带一路"框架下参与国际合作,为众多发展中国家提供有力的支持,这也是落实联合国2030年可持续发展议程的重要方面。世界银行估计到2030年,"一带一路"倡议有望帮助全世界760万人脱离极端贫困,3200万人摆脱中度贫困,成为全人类的"减贫之路""增长之路"和"共同进步与繁荣之路"[①]。在消除贫困与不平等方面,联合国以2030年可持续发展议程提出了重要发展目标,中国脱贫攻坚战所取得的成果及"一带一路"倡议对全球人类减贫的突出作用,为在全世界范围内推进减贫目标、实现可持续发展做出了重要贡献。

(二)经济发展

17个可持续发展目标中的第8、第9、第12项意在要促进持续与包容的经济增长,带动充分的生产性就业,并建造更加能抵御灾害的基础设施。推动创新实现具有包容性和可持续的工业化,通过可持续的消费和生产模式消除经济增长与环境恶化之间的联系,不仅可以积极有效地推动经济的增长,还可以促进经济方式朝着可持续、绿色的方向转变。经济发展能在一定程度上带动就业、社会、教育、卫生等方面的进步,是人类进行其他诸多活动的基础和前提。如果没有个人和社会层面上坚实且持续不断的经济发展,将无法实现人类的各种潜能,因此在联合国2030年可持续发展议程中尤其强调经济发展的重要性。

[①] 《"一带一路"是正确之路、未来之路》,人民网,2021年11月23日,http://world.people.com.cn/n1/2021/1123/c1002-32289546.html。

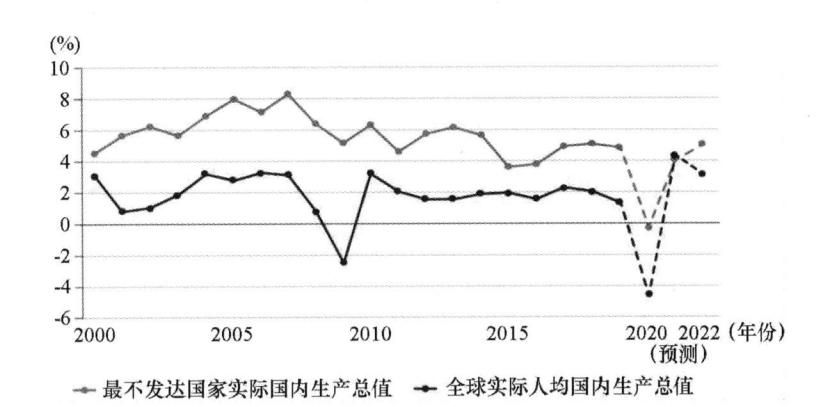

图 3-1　2000—2022 年，全球实际人均国内生产总值年增长率和最不发达国家实际国内生产总值年增长率

资料来源：《2021 可持续发展目标报告》，联合国，https：//unstats.un.org/sdgs/report/2021/The-Sustainable-Development-Goals-Report-2021_Chinese.pdf。

新冠肺炎疫情暴发以前最不发达国家的国内生产总值也远未达到 7% 的可持续发展目标值，新冠肺炎疫情让世界陷入了严重的经济危机，这是自大萧条以来最为严重的一次，并且全球劳动生产率虽然自 2000 年以来稳步提升，但在经济下滑和失业率激增的环境下，劳动生产率增长趋势可能会出现动摇，2020 年全球失业率可能会达到历史高点。在这种全球经济下行的情况下，中国在促进本国及周边、共建"一带一路"合作国家和地区的经济发展方面做出了突出成就，为实现联合国 2030 年可持续发展目标提供了中国能量。在 2021 年 12 月 4 日的国际金融论坛（IFF）第 18 届全球年会上，IFF 发布了其首期全球金融与发展报告，数据显示中国以 26.3% 的比率成为全球经济增长的最大贡献国，并且中国在促进"一带一路"沿线国家的发展过程中不断继续分享市场发展机会，多边机制得到了强化，中国金融市场对外国公司的吸引力会越来越大，即使在新冠肺炎疫情肆虐的 2020 年，中国的对外直接投资规模也占全球首位。①

中国与"一带一路"共建国家的贸易额累计超过9.2万亿美元，中国企业在"一带一路"沿线国家直接投资累计超过1300亿美元。根据世界银行的报告显示，"一带一路"倡议的全面实施将会使全球贸易额增加6.2%，使全球收入增加2.9%。②"一带一路"倡议开展以来，显著推动了沿线国家的经济增长，虽然具体到每个国家所实现的增速不同，但它们的经济发展部分得益于与中国在"一带一路"框架下的合作，并且随着时间的推移，该倡议对沿线国家经济增长的促进作用将会逐渐增强。③中国在沿线国家基础设施方面的建设对沿线国家交通的改善、经济的发展起到了重要推动作用，④此外，中国的对外直接投资以及对外承包的工程项目在促进沿线国家经济增长方面也发挥着关键作用。⑤在坚持共商共建共享原则的基础上，"一带一路"倡议贯穿了亚欧非大陆，陆上依托国际大通道，海上以重点港口为节点，促进了国际经济合作走廊和安全

---

① 《IFF发布报告：中国仍是2021年全球经济增长最大贡献国》，中国一带一路网，2021年12月7日，http：//ydyl.china.com.cn/2021-12/07/content_ 77915065.htm。

② 《坚定信心，加强团结，携手建设更加紧密的"一带一路"伙伴关系——王毅国务委员兼外长在"一带一路"亚太区域国际合作高级别会议上的主旨发言》，中华人民共和国驻斐济共和国大使馆，2021年6月23日，http：//fj.china-embassy.org/chn/sgxw/t1886429.htm。

③ 曹翔、李慎婷：《"一带一路"倡议对沿线国家经济中增长的影响及中国作用》，《世界经济研究》2021年第10期。

④ Hsu L., "ASEAN and the Belt and Road Initiative: Trust-building in Trade and Investment", *Unificazione & Certificazione*, Vol. 3, No. 1, 2020, pp. 1-43; Luo C, Chai Q, Chen H, "'Going Global' and FDI Inflows in China: 'One Belt & One Road' Initiative as a Quasi-natural Experiment", *The World Economy*, Vol. 42, No. 6, 2019. pp. 1654-1672.

⑤ 姬超：《"一带一路"建设的中国要素分解及其外部性检验》，《国际贸易问题》2019年第9期。

大通道的建立。在此过程中，中国与沿线国家着力政策沟通、设施联通、贸易畅通、资金融通和民心相通，有效推动了全球治理体系的完善和全球共同发展。截止到2021年10月，中国与141个国家和32个国际组织签署了200多份"一带一路"合作文件。① 中国积极支持其他发展中国家的工业化进程，比如援助孟加拉国沙迦拉化肥厂、古巴果蔬加工厂、塔吉克斯坦硫酸厂等项目的建设，直接拉动了当地的收入和税收。中国还支持其他发展中国家的数字化经济发展，支持建设了37个电信传输网、政务信息网络等电信基础设施项目，例如推动了肯尼亚国家光纤骨干网项目、老挝警察指控中心及政府热线、巴布亚新几内亚集成政务信息系统等项目，这些新型可持续的经济发展模式有效促进了当地的可持续发展。②

在第一届"一带一路"国际合作高峰论坛之后，中国启动了科技创新计划，针对"一带一路"的具体指向进行了包括科技人文交流、共建科技园区、共建联合实验室，合作共建区域技术转移平台等活动，截至2020年10月，中国累计培训学员18万人，支持8300多名国际青年科学家来华工作，启动建设了33家针对"一带一路"项目的联合实验室。中国为国际社会营造了开放、公平、公正和非歧视的科技发展环境，促进了数字领域的深化合作，通过"丝路电商"开创和拓展了数字合作国际格局。③ 在共商共建共享的原则下，中国将基础设施建设作为

---

① 《中国联合国合作立场文件》，中华人民共和国外交部，2021年10月22日，https://www.fmprc.gov.cn/web/ziliao_674904/tytj_674911/zcwj_674915/t1916136.shtml。

② 《〈新时代的中国国际发展合作〉白皮书（全文）》，中华人民共和国国务院新闻办公室，2021年1月，http://www.scio.gov.cn/zfbps/32832/Document/1696685/1696685.htm。

③ 《"一带一路"是条怎样的"路"？习近平这样阐释》，人民网，2021年11月21日，http://politics.people.com.cn/n1/2021/1121/c1001-32287854.html。

"硬联通"的重要方向,把标准规则作为"软联通"的重要支撑,把共建国家人民的"心联通"作为重要基础,推动了制度型开放,在国际社会拓展了广泛的朋友圈,与世界人民探索共享共同发展的新道路。在新发展阶段,中国致力于建设更完善的发展格局,进一步畅通安全的陆上通道和优化海上布局,畅通国际国内双循环。[①] 2021年11月的第四届中国国际进口博览会上,在1000多家中外企业达成的200多项合作意向中"一带一路"共建国家获得了大量的贸易订单,也正是在"一带一路"倡议实施过程中,中巴经济走廊为巴基斯坦带来了254亿美元的直接投资,同时也创造了多个就业岗位有效解决了巴基斯坦的部分就业问题,正泰国际埃及工厂自2017年建厂以来在销售额方面实现了20倍的增长,2021年9月又获得了400万美元的增资用于建设新厂房,为当地的农网改造等基础设施建设提供了更优化的能源升级方案。[②] 在中国建设高标准、可持续、惠民生的高质量"一带一路"目标下,中国与"一带一路"共建国家的经贸合作将会更上一个台阶,绿色、可持续和创新型的经济发展模式将为联合国2030年可持续发展目标的达成深入赋能。2016—2022年中国先后举办了三次"一带一路"建设座谈会与两届"一带一路"国际合作高峰论坛,在每次会议上都对上一阶段取得的进步和挑战进行及时总结,并根据国际社会的发展形势进行新的规划,"一带一路"倡议正是在这样一步步的探索中才不断有所推进,以更宽广的国际视野和格局为全人类的发展提供中国智慧和中国方案。

---

① 《习近平出席第三次"一带一路"建设座谈会并发表重要讲话》,中国政府网,2021年11月19日,http://www.gov.cn/xinwen/2021-11/19/content_5652067.htm。

② 《习近平总书记谋划推动共建"一带一路"述评》,中华人民共和国国防部,2021年11月19日,http://www.mod.gov.cn/topnews/2021-11/19/content_4899103.htm。

"一带一路"与可持续发展　71

表3-3　两届"一带一路"国际合作高峰论坛与三次"一带一路"建设座谈会

名称	时间	背景	论坛主题	重要内容
第一届"一带一路"国际合作高峰论坛	2017年5月14—15日	2013年中国提出"一带一路"倡议，以加强国际合作，互联互通和互利共赢，经过四年发展，"一带一路"建设取得重要进展	加强国际合作，共建"一带一路"，实现共赢发展	习近平主席发表题为《携手推进"一带一路"建设》的主旨演讲，指出"一带一路"倡议继承了古丝绸之路和平合作、开放包容、互学互鉴、互利共赢的精神，在挑战频发的当代实现新之路、平之路、开放之路、创新之路和文明之路，将深入贯彻创新、协调、绿色、开放、共享的发展理念，为"一带一路"注入强大动力，为世界发展提供新机遇
第二届"一带一路"国际合作高峰论坛	2019年4月25—27日	第一届高峰论坛的成功举办奠定了基础，第二届论坛为第一届论坛的举办奠定了基础，总结发展经验，分享发展成果，做出进一步发展规划	共建"一带一路"，开创美好未来	习近平主席发表了题为《齐心开创共建"一带一路"美好未来》的主旨演讲，继续坚持共商共建共享的原则，坚持开放、绿色、廉洁目标，努力实现高标准、惠民生，在更广领域扩大外资市场准入，以更大的力度加强知识产权保护，将采取一系列重大改革开放举措，大规模增加商品和服务进口，更加重视对外开放政策的贯彻落实，更加地实施国际宏观经济政策协调，有效地实施国际宏观经济政策协调，打造了多个双边和多边合作平台。论坛期间签署多个双边和多边合作协议，达成了283项合作项目，打造了多个服务平台

续表

名称	时间	内容
第一次推进"一带一路"建设座谈会	2016年8月	聚焦政策沟通、设施联通、贸易畅通、资金融通、民心相通,并提出切实推进统筹协调、关键项目落地、舆论宣传八项要求
推进"一带一路"建设工作5周年座谈会	2018年8月	强调坚持对话协商共建共享合作共赢交流互鉴,推动共建"一带一路"走深走实造福人民,实现由"大写意"到"工笔画"的转变,以共建"一带一路"为实践平台推动构建人类命运共同体
第三次"一带一路"建设座谈会	2021年11月	强调以高标准可持续惠民生为目标继续推动共建"一带一路"高质量发展,要进一步夯实发展根基,稳步拓展合作新领域,构建新发展格局,全面强化风险防控,强化统筹协调,努力实现更高合作水平、更高投入效益、更高供给质量、更高发展韧性,推动共建"一带一路"高质量发展不断取得新成效

资料来源:笔者自制。

中国坚持和践行真正的多边主义，构建紧密的互联互通伙伴关系，通过多边合作框架开展形式各异的合作模式。全球跨境投资虽受新冠肺炎疫情影响有所减少，但"一带一路"投资合作项目却稳中有进。① 2021年，中国对"一带一路"沿线国家投资合作依旧呈现持续增长之势，其中1—9月中国对沿线国家非金融类直接投资148.7亿美元，较2020年同期增加了1.9个百分点，在沿线国家承包工程完成营业额618亿美元，同比增长了16.3%。② 与此同时，一大批境外项目和园区建设在稳步开展和推进。截止到2021年8月底，中欧班列累计年度开行1.003万列，运输了96.4万标箱的集装箱，中欧班列已铺画好了73条运输线路，实现了与欧洲23个国家和175个城市的便捷相通，进一步为"一带一路"沿线国家和地区的经济发展提供了有力支撑。③ 截至2021年10月底，中欧班列作为"一带一路"的标志性成果已经累计开行了4.6万列。据美国麦肯锡公司对8个非洲国家的中国公司进行调研之后发现，"一带一路"在非项目中89%的员工实现了本地化，为非洲创造了大约30万个就业岗位。通过参与"一带一路"项目众多非洲国家实现了基础设施的现代化，也是在"一带一路"的推动下，中欧之间的铁路货运量增长了5倍。截至2021年11月，中国已与意大利等14个国家签署了在第三方市场的合作协议，并且根据世界银行的数据显示，共建"一带一路"切实有效地促进了参与国贸

---

① 《奏响"一带一路"高质量共建强音——历史交汇点的博鳌观察》，中国政府网，2021年4月21日，http://www.gov.cn/xinwen/2021-04/21/content_5601181.htm。

② 《我国对"一带一路"沿线国家投资合作持续增长》，中国政府网，2021年10月22日，http://www.gov.cn/xinwen/2021-10/22/content_5644202.htm。

③ 《八年来硕果累累，"一带一路"倡议为何受热捧？》，中国网，2021年9月13日，http://ydyl.china.com.cn/2021-09/13/content_77749142.htm。

易、全球贸易以及全球收入的增长，参与国贸易增长率提升了2.8%—9.7%，全球贸易增长了1.7%—6.2%，全球收入在此框架下实现了0.7%—2.9%的增长率。① 2021年1—10月，西部陆海新通道铁海联运班列开行4718列，北部港作为枢纽港的货物吞吐量同比增长10.6%，累计货物吞吐量22158.63万吨，中国与沿线国家的电商贸易不仅实现了传统贸易模式的新转型，更大幅扩大了国内国际消费市场，东南亚电商平台Lazada在2021年"双十一"期间，促成了80万个商家及品牌的参与，电商成交量比2020年增加了一倍。② 此外，在共建"一带一路"相关主题下，中国为沿线国家举办了4000多期官员研修项目，支持打通"六廊六路"建设和空中枢纽建设，提升贸易发展能力和搭建多边融资合作平台。"一带一路"倡议一方面提高了中国与世界联动发展的水平和能力，将国内国际市场的潜能和效能充分开发出来；另一方面也提升了中国的国际道义形象，为欠发达国家和地区乃至整个国际社会带来了宝贵的发展机遇。并且通过"一带一路"倡导的国际合作，国际社会找到了超越意识形态分歧、社会制度差异及地缘政治纷争和发展水平鸿沟的新方向。③

联合国2030年可持续发展议程将经济发展作为重要的目标，"一带一路"倡议下不仅使中国自身实现了经济的巨大增长，还为沿线国家和地区的经济发展提供了平台，通过诸多共

---

① 《"一带一路"是正确之路、未来之路》，人民网，2021年11月23日，http://world.people.com.cn/n1/2021/1123/c1002-32289546.html。

② 《8年间，"一带一路"这样惠及世界》，中国一带一路网，2021年11月23日，http://ydyl.china.com.cn/2021-11/23/content_77887515.htm。

③ 于洪君：《倡议提出八年来，成果与挑战并存》，上海市发展和改革委员会，2021年12月17日，https://fgw.sh.gov.cn/fgw_fzggdt/20211214/95707b3100a743979e8491ab72304d7e.html#。

建"一带一路"倡议文件的签署及多个合作框架的搭建，沿线国家的经济发展将会实现新的飞跃，"一带一路"倡议完美诠释了联合国2030年可持续发展目标的实现历程，它也是在联合国框架下中国方案和中国智慧的体现。

（三）健康与可持续的社会

发展经济学认为，社会是人类居住和生活的重要区域，也是人类活动的基本单元，因此，建立包容与可持续的社会对于人类发展和进步具有不可忽视的作用。社会是一个内容广泛的复杂体系，包括教育、卫生、青年、社区、生活方式等各个方面，在联合国2030年可持续发展议程中则体现为良好健康与福祉、优质教育、清洁饮水和卫生设施、可持续城市和社区。尤其是当前正面临全球公共卫生危机，人们的生活方式、健康状况乃至社区环境都发生了重要变化，建设健康与可持续的社会显得尤为重要。

在教育方面，2010—2019年全球小学完成率从82%增加到了85%，中学完成率从46%增加到了53%，但是不同群体之间的教育完成率存在巨大差异，只有1/3的国家实现了农村和城市学生在小学教育上的平等，而1/6的国家在最贫困和最富裕家庭之间达到了平等，2020年随着新冠肺炎疫情的全球性蔓延，190多个国家在全国范围内关闭了学校，大约有15.7亿学生不得不离开学校，虽有80%的学生可获得远程教育机会，但仍有至少5亿人无法远程学习，同时如不采取及时有效的补救措施，贫困儿童完成学业的困难将会进一步增加，欠发达地区的很多学校缺乏基本的卫生设施，安全的学习环境无法保障。[1] 这为联

---

[1] 《2021年可持续发展目标报告》，联合国，https://unstats.un.org/sdgs/report/2021/The-Sustainable-Development-Goals-Report-2021_Chinese.pdf。

合国 2030 年可持续发展目标的实现提出了重大挑战。而长期以来，中国大力推行和谐社会的构建，不管是通过新农村建设协调城乡发展、落实区域总体战略以实现区域协调、建立和谐劳动关系、维护教育公平的维护、完善医疗卫生服务体系，还是在人与自然和谐相处的方面，中国都在一定程度上激发了社会活力，增进了社会的团结与和睦。扩展开来，中国也在积极推进国家之间社会各个领域的发展与合作。在教育领域，自 2012 年起，中国每年出资 200 万美元与联合国教科文组织合作设立信托基金，关注全民教育，尤其是非洲教育差距的弥合与教师发展等问题，此举在全球教育事业受新冠肺炎疫情严重冲击的背景下更凸显了其重要意义。在联合国推动数字化教育的过程中，中国积极支持并以切实的行动协助促进灵活、混合、多样学习模式的开展。联合国教科文组织高等教育创新中心依托深圳市信息通信技术产生优势，为非洲高等教育数字化转型项目提供了有力的技术支持，诸如在科特迪瓦虚拟大学的案例中，推行了本土化的慕课内容与非洲本地教师能力相结合，实现在线教学和技术教学的灵活转换，达到了在新冠肺炎疫情期间停课不停学的目标。①

在卫生发展方面，新冠肺炎疫情危机凸显了环境卫生、清洁水源以及个人卫生对于人类健康的重要性，但全球仍有 20 亿人无法获得安全管理的饮用水，36 亿人缺乏安全管理的环境卫生，全世界 1/3 的发展中国家无法获得带有肥皂和水的基本洗漱设施。淡水生态系统也在发生剧烈变化，1/5 的地表水面积在快速缩减，而据 2019 年的数据显示，全世界 1/4 左右的湖水出现高度甚至极度的浑浊情况。世界范围内的自然湿地

---

① 《撒哈拉以南非洲高等教育数字化转型调研报告》，联合国教育科学及文化组织、联合国教科文组织高等教育创新中心，2021 年 6 月 7 日，https://ichei.org/Uploads/Download/2021-06-07/60bd9222748fd.pdf。

也在不断减少，1700—2020年间，全球内陆湿地损失率达到了88%，2020年仅有12%内陆湿地占比。1996—2016年间，全球沿海红树林的覆盖面积下降了4.9%，保护和恢复水生态系统正面临着严峻挑战，这增加了诸多国家尤其是欠发达国家在水资源短缺和极端气候变化之下的脆弱性。在对可持续现代能源的可及性方面，各地区的获取进展很不均衡，2019年仍有7.59亿人无法用电，其中3/4在撒哈拉以南非洲。清洁烹饪方式的推广进度缓慢，近26亿人的健康仍无法保障，如不迅速采取紧急措施，到2030年仍可能有全世界1/3的人会继续受到家庭空气污染的影响。需要提升能效，加大可再生能源方面的投入和创新。①

在这种严峻的情况下，中国始终践行生命至上和人民至上的理念，推进广大发展中国家的公共卫生体系建设。如中国帮助非洲疾控中心总部的建设，为坦桑尼亚桑给巴尔血吸虫病的防治、科摩罗的清除疟疾项目等提供了技术支持，实现了科摩罗疟疾零死亡、发病率下降98%的目标。中国在非洲多个国家建设了50多个医疗卫生基础设施项目，帮助20多个国家培养建立专业科室的能力，此外，从2015—2019年，中国共派出202批次3588名援外医疗队员，累计诊治1100万名患者，医治当地患者的同时带教培训当地医务人员，在25个国家实施了近万台手术，不仅增强了当地的医疗卫生服务质量，还有效提升了其医疗卫生基础能力。② 在基础设施方面，中国在诸多发展中国家实施了一批公益设施、能源设施建设等项目，比如帮助菲

---

① 《2021年可持续发展目标报告》，联合国，https：//unstats.un.org/sdgs/report/2021/The‐Sustainable‐Development‐Goals‐Report‐2021_Chinese.pdf。

② 《〈新时代的中国国际发展合作〉白皮书》，中华人民共和国国务院新闻办公室，2021年1月，http：//www.scio.gov.cn/zfbps/32832/Document/1696685/1696685.htm。

律宾、塞尔维亚、布隆迪等国家实施了城区主干道建设、拥堵路段改造等项目，提升了城市的通行能力。援助马尔代夫建设了友谊大桥，打通了相邻岛屿及经济发展的大动脉，帮助圣多美和普林西比、斯里兰卡等国家改善供水及污水处理系统，这为改善居民生活品质提供了重要支持。在提高能源可及性方面，中国根据不同国家的能源禀赋，分类别分层次地建设输变电和配电网等项目。中国援古巴太阳能项目总装机规模达9兆瓦，技术支持吉尔吉斯斯坦等国家的电网改造和电网连接等项目，其中通过基础网三期项目将孟加拉国的高速网延伸到了488个县和2600多个乡，覆盖地域及人口达62%，这些都有助于可持续城市和社区的构建，民众的生活方式也得到了改善，对于提升民众的幸福感、获得感也起到了重要作用。[1]

互联网作为社区的重要延伸领域日益在人们的生活中扮演着重要角色。2021年12月上旬主题为"利用互联网的力量，应对网络空间的风险"的联合国互联网治理论坛在波兰举行，联合国秘书长古特雷斯指出全球公共卫生危机的产生凸显了互联网影响生活的巨大力量，建立清晰的规则来规制和保障人们的生活，打击虚假信息加强全球合作、构建对话至关重要，尤其是新冠肺炎疫情以来随着互联网用户数量从41亿人增长到了49亿人，但互联网问责制尚未建立，随之出现了大量数据侵权、煽动性的仇恨言论、数字暴力等问题，基于此建立良性发展的互联网社区进行网络治理迫在眉睫，这不仅关乎数字未来的塑造，还对可持续发展提出了新的议题。[2]

中国在互联网治理方面也不断总结出了自己的经验，2020

---

[1] 《〈新时代的中国国际发展合作〉白皮书》，中华人民共和国国务院新闻办公室，2021年1月，http://www.scio.gov.cn/zfbps/32832/Document/1696685/1696685.htm。

[2] 《互联网治理论坛推动所有人享有包容性数字未来》，联合国，2021年12月7日，https://news.un.org/zh/story/2021/12/1095592。

年 3 月 1 日实施的《网络信息内容生态治理规定》对网络信息内容的生产者、服务平台、服务使用者、网络行业组织、监督管理、法律责任等方面进行了详细规定，突出了不同主体的不同责任和义务，同时从信息内容的生产到使用都进一步完善了监管机制，为互联网的清朗化奠定了基础。[①] 在 2021 年 12 月 14 日中国新闻出版研究院发布的《"一带一路"国际出版合作发展报告（第三卷）》中显示，在"十三五"规划期间中国与"一带一路"共建国家的出版合作进入了提质增效阶段，合作的版权贸易数量在 2016 年为 3808 项，到 2020 年就突破了 10000 项，在总量为 10729 项的版权贸易量中绝大部分属于输出项，引入了 1611 项，合作项目也从早期追求数量转变到了对落地效果的重视上，这些出版合作对帮助相关国家抗击新冠肺炎疫情、话语体系建设、文化强国建设等方面发挥了重要作用。[②] 中国在用自己的实际行动践行联合国可持续发展目标，尤其是"一带一路"倡议为中国的国内及国际和谐社会的构建提供了重要的基础和平台，使得联合国 2030 年可持续发展议程中对社会发展的目标要求有了切实的响应，"一带一路"倡议是对联合国 2030 年可持续发展目标的现实推进。

（四）气候与环境

发展经济学的优势之一就是在对气候和环境的关注度以及发展的可持续上有了进一步的关注。1880—2012 年，全球气

---

① 《网络信息内容生态治理规定》，中华人民共和国国家互联网信息办公室，2019 年 12 月 20 日，http://www.cac.gov.cn/2019-12/20/c_1578375159509309.htm。

② 《中国与"一带一路"相关国家出版合作进入提质增效阶段》，人民网，2021 年 12 月 15 日，http://world.people.com.cn/n1/2021/1215/c1002-32308116.html。

温上升了 0.85℃；1901—2010 年，全球海平面上升了 19 厘米；自 1990 年以来，全球二氧化碳排放量上升近 50%。而气温每上升 1℃，粮食产量就会下降 5% 左右，1981—2002 年全球主要农作物产量每年下降 4000 万吨，天气会变得更加极端，而海平面上升意味着人类的生存空间将会进一步缩小，不管是发达国家还是发展中国家，人民的生命和财产安全都会在一定程度上受到威胁。① 不管是海洋还是陆地生态系统，生物的多样性都在不断丧失，人类的活动已经改变了地球表面将近 3/4 的区域，自然承受的压力越来越大，② 而根据《2020 年世界森林状况：森林、生物、多样性与人类》显示，1990 年以来，有大约 4.2 亿公顷的树林被破坏，这会加剧荒漠化状况，对人类可持续发展提出重要挑战。③ 在这种严峻的形势下，联合国 2030 年可持续发展议程呼吁世界各国要加强全球应对气候威胁的能力，以采取紧急行动应对气候变化、保护和可持续利用海洋和海洋资源以促进可持续发展、保护恢复和促进可持续利用陆地生态系统等目标，呼吁全球关注气候和环境问题，并为此做出积极行动。同时将当前全球公共卫生危机转化为机遇，通过绿色过渡、绿色就业与可持续和包容性增长、绿色经济、投资可持续解决方案、应对所有的气候风险、合作六项行动，

---

① "Goal 13: Take Urgent Action to Combat Change and Its Impacts," United Nations, https://www.un.org/sustainabledevelopment/climate-change/.

② "First Person: COVID-19 is Not a Silver Lining for the Climate, Says UN Environment Chief", United Nations, April 5, 2020, https://news.un.org/en/story/2020/04/1061082.

③ "Shrinking Forests Need Bold Action to Safeguard Their Biodiversity", United Nations, May 5, 2020, https://news.un.org/en/story/2020/05/1064782?utm_source=UN+News++Newsletter&utm_campaign=b67beec1d6-EMAIL_CAMPAIGN_2020_05_22_06_05&utm_medium=email&utm_term=0_fdbf1af606-b67beec1d6-105803429.

实现经济的可持续转型。①

在《巴黎协定》的目标之下：对气候变化提高适应力，增强弹性和减少脆弱性，2019年在120多个发展中国家开展了国家适应计划，此外绿色气候基金也为发展中国家的绿色发展计划提供了资金支持。中国在此方面的成就更为突出，"一带一路"倡议提出了绿色、健康的发展理念，全面落实《巴黎协定》，有效推进《生物多样性公约》，为推动应对气候变化的国际合作作出了不懈努力。为应对气候变化，中国积极开展南南合作，不仅提升本国应对气候变化的能力，更是帮助发展中的小岛屿国家、非洲国家等提升应对能力，比如2015年宣布设立气候变化南南合作基金，在发展中国家开展"十百千"项目，②从2013—2018年举办了200多期气候变化与生态保护主题的研修项目，设置了环境管理与可持续发展等可获得学历学位的相关专业，先后举办了36期"中国沙漠治理技术与荒漠化防治国际培训班"。此外，中国还帮助广大发展中国家编制环境保护的发展规划，向缅甸等国家赠送太阳能户用发电系统，向埃塞俄比亚赠送微小卫星以帮助其提升气候灾害预警的检测能力。③

在2020年9月的第75届联大一般性辩论和2021年9月的第76届联大一般性辩论中，习近平主席都发表了重要讲话，宣布中国将争取在2030年前实现碳达峰，2060年前实现碳中和。2021

---

① "Climate Change and COVID – 19: UN Urges Nations to 'Recover Better'", United Nations, April 22, 2020, https://www.un.org/en/un-coronavirus-communications-team/un-urges-countries-%E2%80%98build-back-better%E2%80%99.

② "十百千"项目是指在发展中国家开展10个低碳示范区、100个减缓和适应气候变化项目及1000个应对气候变化培训名额，截至目前，中国已与34个国家开展了合作项目。

③ 《〈新时代的中国国际发展合作〉白皮书》，中华人民共和国国务院新闻办公室，2021年1月，http://www.scio.gov.cn/zfbps/32832/Document/1696685/1696685.htm。

年 10 月中国发布了《关于完整准确全面贯彻新发展理念做好碳达峰碳中和工作的意见》和《2030 年前碳达峰行动方案》，将碳达峰碳中和纳入经济社会发展和生态文明建设的总体布局中。①为全面落实联合国 2030 年可持续发展议程中气候行动的目标，中国加快推进了清洁低碳的能源转型发展，2020 年中国非化石能源消费比重已达世界平均水平，煤炭消费比重降到了 56.8%，并在"十四五"和"十五五"时期严控煤电项目，中国的水电、风电、光伏等多项指标保持全球第一，累计关停落后煤电机组 1 亿多千瓦，建成了世界上最大的清洁煤电供应体系。在第 76 届联大一般性辩论中，习近平主席宣布中国将大力支持发展中国家能源绿色低碳发展，不再新建任何境外的煤电项目。②

不仅如此，中国高度重视生物多样性的保护，坚持用生态文明的理念指导发展，共建山水林田湖草生命共同体，过去 10 年，中国森林资源增长面积超过 7000 万公顷，居全球首位。85% 的重点野生动物种群及 90% 的陆地生态系统类型得到了科学有效的保护。③ 在 2021 年 10 月 11—15 日举行的联合国《生物多样性公约》缔约方大会第 15 次会议中，习近平主席提出了以生态文明建设为引领、以绿色转型为驱动、以人民福祉为中心和以国际法为基础的四点主张，④ 为全球气候和环境保护注入

---

① 《将碳达峰碳中和纳入经济社会发展和生态文明建设整体布局》，中华人民共和国国家发展和改革委员会，2021 年 10 月 29 日，https：//www.ndrc.gov.cn/xxgk/jd/jd/202110/t20211029_1302188.html?code=&state=123。

② 习近平：《坚定信心 共克时艰 共建更加美好的世界——在第七十六届联合国大会一般性辩论上的讲话》，人民出版社 2021 年版，第 5 页。

③ 《习近平在联合国成立 75 周年系列高级别会议上的讲话》，人民出版社 2020 年版，第 17 页。

④ 《全文实录｜联合国〈生物多样性公约〉缔约方大会第十五次会议（COP15）第一阶段会议新闻发布会》，中华人民共和国生态环境部，2021 年 10 月 20 日，https：//www.mee.gov.cn/ywdt/zbft/202110/t20211020_957274.shtml。

了新动能。在 2021 年 11 月 1 日举行的《联合国气候变化框架公约》第 26 次缔约方大会世界领导人峰会上,为应对气候变化,推动经济复苏,习近平主席提出了应维护多边共识、聚焦务实行动、加速绿色转型三点建议,习近平主席强调中国秉持人与自然生命共同体理念。① 此外,中国银行和中国工商银行已经加入了气候相关的财务信息披露工作组(TCFD),从企业的财务方面对其绿色低碳发展进行一定的约束和限制。

"一带一路"倡议不仅响应了联合国 2030 年可持续发展议程的呼吁,还在一定程度上实现了深化,为其他国家在应对气候变化和环境保护方面起到了榜样作用,不仅彰显了中国大国担当,还体现了全球情怀。

(五)投资与援助

联合国 2030 年可持续发展议程中实现可持续发展目标的最后一项就是促进目标实现的伙伴关系,只有加强全球合作与构建伙伴关系,才能有效推进可持续发展目标的实现。同时根据相关数据显示,发达国家援助的水平在下降,很多援助国并没有兑现增加发展援助的承诺。② 尤其是新冠肺炎疫情的暴发更加凸显全球团结不仅仅是一种道义上的责任,更加关乎每个国家的利益。因此联合国呼吁国家之间采取有效措施提升投资与援助水平,建设可持续发展的全球伙伴关系。

---

① 《习近平向〈联合国气候变化框架公约〉第二十六次缔约方大会世界领导人峰会发表书面致辞》,中华人民共和国外交部,2021 年 11 月 1 日,https://www.fmprc.gov.cn/web/zyxw/t1918303.shtml。

② "Declining Aid, Rising Debt Thwarting World's Ability to Fund Sustainable Development, Speakers Warn at General Assembly High-Level Dialogue", United Nations, September 26, 2019, https://www.un.org/press/en/2019/ga12191.doc.htm.

虽然在新冠肺炎疫情危机期间官方发展援助净流量比2019年增长了7%，达到1610亿美元，但2020年官方发展援助的净流量远未达到占国民总收入0.7%的占比，发达国家仍未兑现官方发展援助承诺，同时2020年外国直接投资下降了40%，封锁政策减缓了现有的投资项目，除可再生能源之外，所有可持续发展目标的投资项目都大幅下降，较贫困地区的降幅更为明显，到2020年使最不发达国家的出口全球份额较2011年增加2%的目标并没有实现。① 由此可知在投资与援助领域，本不稳固的全球伙伴关系正经历着严峻考验，加强多边合作与构建更紧密和团结的伙伴关系比以往任何时刻都更加迫切。如图3-2所示，2020年受新冠肺炎疫情影响被终止的国际投资协定数量超过了新缔结数量，截至2020年年底，实际终止的国际投资协定至少有393项，国际投资协定中双边投资条约仅剩2943项，总数降至3360项。

而反观"一带一路"倡议，其重要途径就是要建设开放、包容的合作平台，坚持共商共建共享的联动发展，建设新型的伙伴关系，通过开展务实合作，共同构建人类命运共同体。自2013年习近平总书记提出共建"一带一路"倡议以来，"一带一路"逐渐从理念转变成了实践，从蓝图转变成了现实，到2021年为止，同中国签署"一带一路"合作文件的伙伴国达141个，合作的国际组织达32个。伙伴关系外交与"一带一路"倡议实现了完美对接，从1993年中国与巴西首次建立伙伴关系到2018年的25年间，近50%的新型伙伴关系是在"一带一路"倡议提出后六年内建立的，2013—2018年中国与49个国家及地区组织建立了新的伙伴关系，占当时中国伙伴关系总数

---

① 《2021可持续发展目标报告》，联合国，https://unstats.un.org/sdgs/report/2021/The-Sustainable-Development-Goals-Report-2021_Chinese.pdf。

■ 双边投资条约 ■ 含投资规定的条约

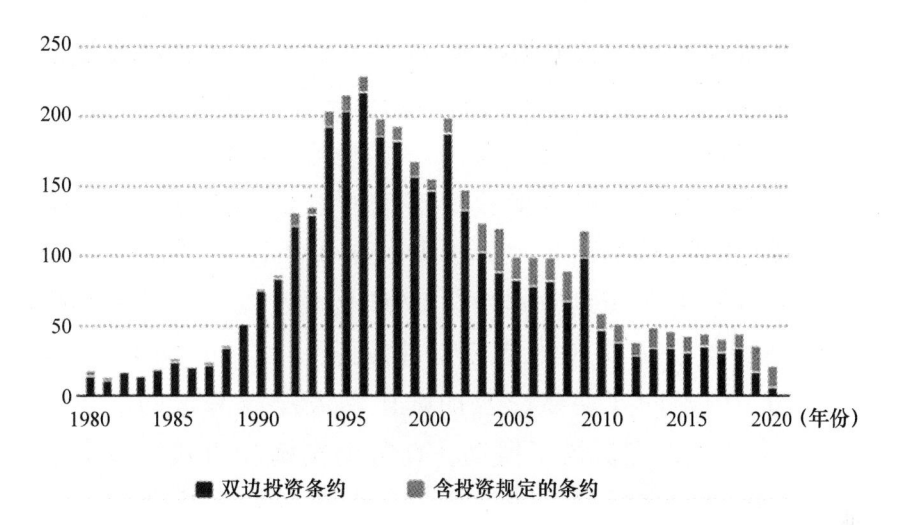

图 3 – 2　1980—2020 年新签国际投资协定数量

资料来源：《世界投资报告 2021：为可持续复苏投资》，联合国贸易和发展会议，2021 年，https://unctad.org/system/files/official-document/wir2021_overview_ch.pdf。

的 46%。"一带一路"开局之年所建成的伙伴关系数量尤多，中国伙伴关系国和地区组织的分布范围已经几乎覆盖世界主要国家和重要地区。[①] 中国也开展了形式多样的伙伴关系，如 2021 年 6 月 22 日在"一带一路"亚太区域国际合作高级别会议期间，与 28 个国家发起了"一带一路"绿色发展伙伴关系倡议和"一带一路"疫苗合作伙伴关系倡议，前者聚焦于从经济、社会和环境三个维度共促绿色、低碳和可持续，努力实现联合国 2030 年可持续发展目标，后者着力于新冠肺炎疫苗的监管和新冠肺炎疫情的防控。[②] 在第 76 届联大一般性辩论上的讲话中，

[①] 王晨光：《中国的伙伴关系外交与"一带一路"建设》，《当代世界》2020 年第 1 期。

[②] 《"一带一路"绿色发展伙伴关系倡议》，中华人民共和国外交部，2021 年 6 月 24 日，https://www.fmprc.gov.cn/web/ziliao_674904/1179_674909/t1886384.shtml；《"一带一路"疫苗合作伙伴关系倡议》，中华人民共和国外交部，2021 年 6 月 24 日，https://www.fmprc.gov.cn/web/ziliao_674904/1179_674909/t1886385.shtml。

习近平主席提出全球发展倡议,将发展置于全球宏观政策框架的突出位置,构建更加平等均衡的全球发展伙伴关系。①

在"一带一路"倡议框架内,不仅建立伙伴关系是其题中之义,增加对发展中国家的投资与援助也是重要方面。中国对外援助资金的规模不断扩大,援助范围也不断拓展,从2013—2018年,中国对外援助额累计达2702亿元,其中包括无偿援助(47.3%)、优惠贷款(48.52%)和无息贷款(4.18%)。也是在此期间,中国向亚非欧拉及加勒比和大洋洲等地的122个国家和20个多边组织提供了援助,在援助实施的方式上也更加多元,比如援建成套项目、技术合作、派遣援外医疗队、派遣志愿者、提供紧急人道主义援助等,截至2019年年底中国与14个国际组织合作开展了82个南南合作援助基金项目。中国还支持帮助其他发展中国家增强自主发展能力,比如同联合国设立统计能力开发信托基金,为59个发展中国家的近900名政府统计人员提供培训服务,在和平利用核能与核技术方面与国际原子能机构合作为70多个发展中国家培训人员达2000多名。② "一带一路"框架下的丝路基金与亚洲基础设施投资银行在跨国和跨地区的项目中发挥了重要作用,截至2021年11月底,中国对沿线国家的非金融类直接投资达到了1400多亿美元,中巴经济走廊的建设为巴基斯坦带来了254亿美元的直接投资,不仅创造了许多就业岗位,也直接促进了当地的经济发展。③

---

① 习近平:《坚定信心 共克时艰 共建更加美好的世界——在第七十六届联合国大会一般性辩论上的讲话》,人民出版社2021年版,第3—4页。

② 《〈新时代的中国国际发展合作〉白皮书》,中华人民共和国国务院新闻办公室,2021年1月,http://www.scio.gov.cn/zfbps/32832/Document/1696685/1696685.htm。

③ 《"一带一路"建设高质量推进 中国方案惠及世界》,人民网,2021年11月21日,http://politics.people.com.cn/n1/2021/1121/c1001-32287807.html。

2017 年中国设立了南南合作援助基金（SSCAF）帮助加强世界欠发达国家的灾后重建与恢复工作，为孟加拉国、巴基斯坦、安提瓜、尼泊尔、巴布达的灾后重建做出了突出贡献，其中 50 万人从中受益，尼泊尔和孟加拉国的 47 万民众收到了中国援助的帐篷和救援包，近 2 万名巴基斯坦的孩童得以重新开始学业，8 万多名巴基斯坦的无家可归之人获得了救援物资。① 在南南合作援助基金的帮助下，622726 人获得了有效及时的救助，80269 位联邦直辖部落的居民重返家园。② 在新冠肺炎疫情之下，中国向 150 多个国家和国际组织提供援助，向 200 多个国家出口防疫物资，对外提供了累计 3200 多亿只口罩、56 亿人份检测试剂盒和 39 亿件防护服，积极响应了联合国发起的全球人道主义应对计划。截至 2021 年 10 月中旬，中国向 100 多个国家和国际组织提供了超过 15 亿剂新冠肺炎疫苗，还向世界卫生组织主导的"新冠肺炎疫苗实施计划"捐赠 1 亿美元，这些都体现了中国以务实的行动践行着构建人类卫生健康共同体的理念。③ 在第 76 届联大一般性辩论中，习近平主席表示未来 3 年内再提供 30 亿美元国际援助，用于支持发展中国家抗疫和恢复经济发展。④

基于此可以看出，中国在投资与援助方面切实践行着联合

---

① 《分享中国经验，促进重建得更好》，UNDP·中国，2018 年 4 月 25 日，https：//www.cn.undp.org/content/china/zh/home/presscenter/pressreleases/2018/sharing – china_ s – experience – to – build – back – better.html。

② UNDP·中国，https：//www.cn.undp.org/content/china/zh/home/global – cooperation.html.

③ 《中国联合国合作立场文件》，中华人民共和国外交部，2021 年 10 月 22 日，https：//www.fmprc.gov.cn/web/ziliao_ 674904/tytj_ 674911/zcwj_ 674915/t1916136.shtml。

④ 习近平：《坚定信心 共克时艰 共建更加美好的世界——在第七十六届联合国大会一般性辩论上的讲话》，人民出版社 2021 年版，第 5 页。

```
                            可持续发展
                           /          \
           2030年联合国可持续发展目标    "一带一路"倡议：中国智慧、中国方案
                           \          /
                         发展经济学视角
        ┌──────────┬──────────┬──────────────┬──────────┬──────────┐
     贫困与不平等  经济发展  健康与可持续的社会  气候与环境  投资与援助
```

贫困与不平等：
- 无贫穷、零饥饿、性别平等、减少不平等
- 中国历史性地解决了绝对贫困问题，使共建"一带一路"相关国家760万人摆脱极端贫困、3200万人摆脱中度贫困，100个减贫项目；推动联合国大会连续3年通过农村减贫决议，发布《消除绝对贫困 中国实践》；坚持男女平等基本国策、建立了全面保障妇女权益的法律体系，促进各领域的平等……

经济发展：
- 体面工作和经济增长&产业、创新和基础设施&负责任消费和生产
- 中国与相关国家签署了200多份"一带一路"合作文件；中国与"一带一路"合作伙伴的贸易额累计超过9.2万亿美元，中国企业在沿线国家直接投资共超过1300亿美元；积极推动健康、绿色、数字丝绸之路建设，打造新合作增长点；全球发展倡议是中国为国际社会提供的重要公共产品和合作平台……

健康与可持续的社会：
- 良好健康与福祉&优质教育&清洁饮水和卫生设施&经济适用的清洁能源&可持续城市和社区
- 自2012年起，中国每年出资200万美元同联合国教科文组织合作设立中国—联合国教科文组织援非信托基金；中国高度重视体育事业发展，同有关国家和国际组织广泛开展青年领域交流；中国帮助非洲疾控中心总部的建设，实现了科摩罗疟疾零死亡、发病率也下降了98%；中国在非洲多国建设了50多个医疗卫生基础设施项目……

气候与环境：
- 气候行动&水下生物&陆地生物
- 在发展中国家开展"十百千"项目；加快推进了清洁低碳的能源转型发展；中国的水电、风电、光伏等多项指标保持在全球第一，建成了世界上最大的清洁煤电供应体系；在过去的十年间，中国森林资源增长面积超7000万公顷，占世界首位，中国将争取在2030年前实现碳达峰，2060年前实现碳中和

投资与援助：
- 和平、正义与大构建进实现伙伴关系
- 截止到2021年10月，同中国签署"一带一路"合作文件的伙伴国达141个，合作的国际组织达32个；中国向150多个国家和国际组织提供援助，向200多个国家出口防疫物资，对外提供了累计3200多亿只口罩、56亿人份检测试剂盒和39亿件防护服；未来3年内提供30亿美元的国际援助，帮助发展中国家抗疫及恢复经济发展；开展了形式多样的伙伴关系，如"一带一路"绿色发展伙伴关系倡议和"一带一路"疫苗合作伙伴关系倡议……

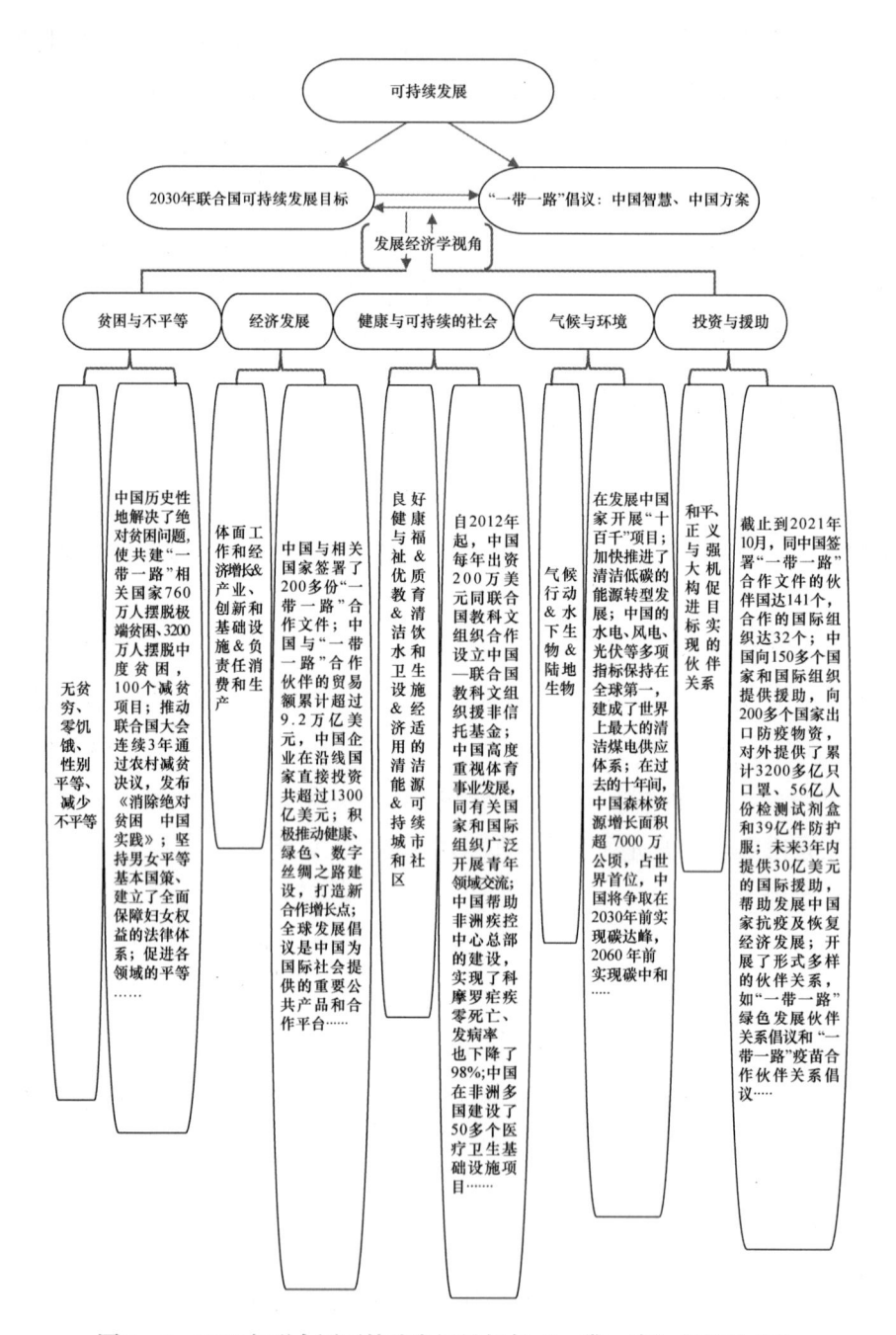

图 3-3 2030 年联合国可持续发展目标与"一带一路"倡议的成效

注：图为笔者自制。

国 2030 年可持续发展目标，中国不仅限于推进了联合国 2030 年可持续发展议程，也在加快落实各项发展倡议，积极参与全球治理，探索多边主义的合作模式，努力构建更平等均衡的全球发展伙伴关系，为全球在新冠肺炎疫情之下 2030 年可持续发展目标的实现提供了重要的保障和宝贵的借鉴。

（六）中国在低碳绿色政策和技术方面的贡献

"一带一路"倡议的发展目标和方向以可持续发展为指引，不断通过实际行动践行着联合国 2030 年可持续发展目标的理念，2021 年 2 月 22 日《关于加快建立健全绿色低碳循环发展经济体系的指导意见》（以下简称《指导意见》）由中华人民共和国中央人民政府对外发布，中国首次从顶层设计的高度建立健全绿色低碳循环发展的经济体系。这是中国解决资源环境生态问题的国策，同时对于经济社会发展的全面绿色转型起到了极大促进作用。《指导意见》坚持重点突破、创新引领、稳中求进和市场导向的工作原则，以清洁生产和清洁能源为重点突破对象，推动技术创新和管理创新，做好绿色转型与经济发展及民生改善等方面的有机结合，充分发挥市场的导向作用，为绿色发展注入强大发展动能。《指导意见》涵盖了六大体系及其所包含的 85 项重点任务，将建立健全绿色低碳循环发展经济体系当作一项系统性的工程，涉及健全绿色低碳循环发展的生产体系（推动工业绿色升级、加快农业绿色发展、提高服务业绿色发展水平、壮大绿色环保产业、提升产业园区的产业集群循环化水平、构建绿色供应链）、健全绿色低碳循环发展的流通体系（打造绿色物流、加强再生资源回收利用、建立绿色贸易体系）、健全绿色低碳循环发展的消费体系（促进绿色产品消费、倡导绿色低碳生活方式）、加快基础设施绿色升级（推动能源体系绿色低碳转型、推进城镇环境基础设施建设升级、提升交通基础设施绿色发展水平、改善城乡人居环境)、构建市场导向的绿色技术创新体系(鼓励绿色低碳技术研发、加速科技成果转化)、完善法律法规政策体系(强化法律法规支撑、健全绿色收费价格机制、加大财税扶持力度、大力发展绿色金融、完善绿色标准绿色认证和统计检测制度、培育绿色交易市场机制)。①

《指导意见》全方位阐释了绿色低碳循环发展的核心内涵，涵盖了生产、流通、消费的关键环节，还从基础设施、技术创新以及法律法规等方面提供了支撑和保障，中国以切实行动认真践行着联合国 2030 年可持续发展倡议，为人类的可持续发展提供了中国的系统性安排，完成了绿色低碳发展由"战术体系"向"战略体系"的转变。② 2021 年 10 月中华人民共和国国务院新闻办公室发布了《中国应对气候变化的政策与行动》白皮书，提出了中国应对气候变化的新理念、积极应对的国家战略以及致力于共建公平合理、合作共赢的全球气候治理体系，通过牢固树立共同体意识，贯彻创新、协调、绿色、开放、共享的新发展理念，以人民为中心，大力推进碳达峰碳中和，减污降碳协同增效等举措来实现新理念的构建，中国的能源安全新战略和消费革命取得了重要成就，生态系统的碳汇能力也明显提高，更值得关注的是绿色低碳的生活方式逐步成了现代新风尚。③

自 2020 年中国提出碳达峰和碳中和的发展目标以来，中国

---

① 《国务院关于加快建立健全绿色低碳循环发展经济体系的指导意见》国发〔2021〕4 号，中国政府网，2021 年 2 月 2 日，http://www.gov.cn/zhengce/content/2021-02/22/content_5588274.htm。

② 《〈关于加快建立健全绿色低碳循环发展经济体系的指导意见〉发布 绿色发展如何迈上新台阶?》，中国政府网，2021 年 3 月 25 日，http://www.gov.cn/zhengce/2021-03/25/content_5595541.htm。

③ 《中国应对气候变化的政策与行动》，中国政府网，2021 年 10 月 27 日，http://www.gov.cn/zhengce/2021-10/27/content_5646697.htm。

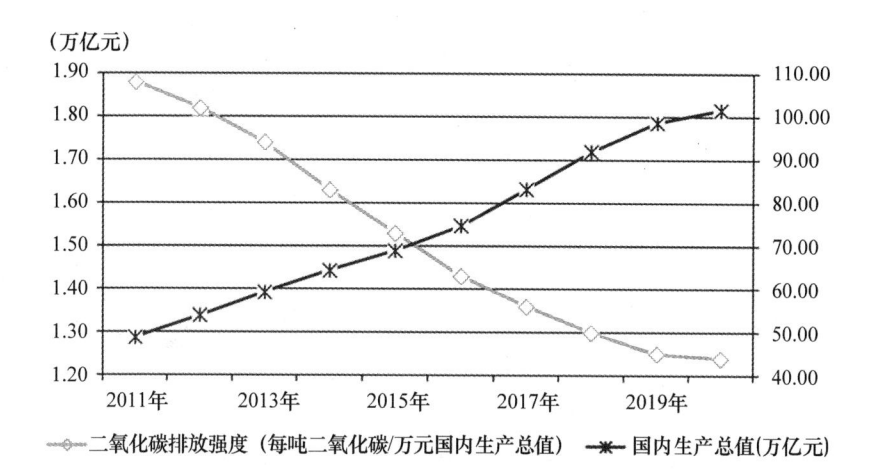

图 3-4 2011—2020 年中国二氧化碳排放强度和国内生产总值

资料来源：《中国应对气候变化的政策与行动》，中国政府网，2021 年 10 月 27 日，http://www.gov.cn/zhengce/2021-10/27/content_5646697.htm。

已经在绿色低碳经济发展的道路上取得了突出的进展：2021 年的前 11 个月，中国新能源发电量首次突破 1 万亿千瓦时，达到了 10355.7 亿千瓦时，同比增长 32.97%；而同时，2021 年全国可再生能源发电装机规模历史上首次超过了 10 亿千瓦，其中水电和风电的装机规模都超过了 3 亿千瓦，在高耗能产业的用能增速上也表现出了明显的回落趋势，2021 年第三季度四大高耗能产业用电量较第一和第二季度分别回落 16.7% 和 7.3%，清洁能源产业在不断持续壮大，能源结构持续优化；新能源的发展也获得了政府的资金支持，2021 年 11 月财政部中央预算公共平台下发《关于提前下达 2022 年可再生能源电价附加补助地方资金预算的通知》显示，本次下达总计新能源补贴资金达 38.7 亿元，其中风电、光伏和生物质分别获得了 15.5 亿元、22.8 亿元和 3824 万元；交通运输行业的电气化水平也在不断提高，为节能减排做出了重要贡献。2021 年 12 月的数据显示，中国铁路的电气化覆盖率已经提升至 73% 左右，新增城市物流配送新能源车辆超过 8.6 万辆，城市的新能源公交车比例超过了 66%，而新能源汽车的产销也进入了快速增长时期；在绿色建筑方面，到 2021 年 10 月全国累计绿色建筑面积已经达到 66.45 亿平方米，而金融业领域的碳达峰与碳中和进程也在不断推进，截至 2021 年三季度末，中国本外币绿色贷款余额已达 14.78 万亿元，投向直接或间接碳减排项目的贷款分别为 6.98 万亿元和 2.91 万亿元，共占绿色贷款的 66.9%。① 可以说中国在绿色低碳发展方面既有全局部署的战略安排，又有各部分、各地方、各领域的切实成效，这些举措对于实现经济、社会、环境等领域的可持续发展起到了重要的推动作用，也进一步优化了绿色发展的产业结构和健康可持续的发展理念。

2018 年，在世界经济论坛的参与下中国推出了"一带一路"绿色投资原则（Green Investment Principles，GIP），截至 2021 年上半年，GIP 成员涵盖了"一带一路"沿线的 15 个国家和地区以及 40 家签署机构，而"一带一路"共建国家的强大发展势能要求新建基础设施具有气候适应性和环境社区友好型和社会包容性，GIP 不仅要遵循赤道原则、责任投资原则和《中国海外投资风险管理倡议》，还具有自己的特征，比如重点关注跨亚非欧的"一带一路"共建国家，签署方不仅包括金融机构还包括企业，涉及的议题囊括了环境、社会和治理（Environmental, Social and Governance，ESG）等方面，而在具体的投资中要求将可持续纳入公司治理，充分了解 ESG 风险，充分披露环境信息，加强与利益相关方的沟通，充分利用绿色金融机构，采用绿色供应链管理以及通过多方合作进行能力建设。② 中国作为世界第二大经济体和人口最多的发展中国家，在应对气候变

---

① 《数字透视 2021 中国绿色低碳经济发展》，新华网，2021 年 12 月 31 日，http://www.news.cn/energy/20211231/273f31f3c11d48c395a1ddbe7231cde6/c.html。

② 《"一带一路"绿色投资原则》，https://www.followingthemoney.org/wp-content/uploads/2020/03/2018_GFIGFC_Green-Investment-Principles-for-the-Belt-and-Road_C.pdf。

化、生物多样性丧失以及生态系统破坏等风险上的进步对于可持续发展目标的实现发挥着关键作用。中国不仅支持《巴黎协定》的相关内容，积极倡导生态文明的复兴理念，还进一步加强了对绿色"一带一路"倡议的承诺力度。

在 2021 年 10 月的《生物多样性公约》第十五次缔约方大会领导人峰会上，习近平主席发表了题为《共同构建地球生命共同体》的主旨讲话，提出了以生态文明建设为引领，协调人与自然关系；以绿色转型多驱动，助力全球可持续发展；以人民福祉为中心，促进社会公平正义；以国际法为基础，维护公平合理的国际治理体系四点主张。习近平主席指出，我们要携手同行，开启人类高质量发展新征程，中国将率先出资 15 亿元，昆明生物多样性成立专项基金，支持发展中国家生物多样性保护事业。① 丝路基金为投资非洲和中东的可再生能源项目发展提供了重要支持，中国为了推动低碳与可持续能源开发，提高资源效率，加强了新兴技术的推广和创新，通过低碳能源技术、低碳交通技术、为低碳转型融资、为低碳基础设施投资和扩大绿色金融、鼓励绿色能源投资的国家政策、支持绿色基础设施发展的国际合作，例如，中国华能融资并建设欧洲最大的电池储能项目，使智利的公共交通基础设施电气化，推动圣地亚哥的非捆绑式电动巴士 PPP 模式，创造可持续天然橡胶的数字交易平台，减少对碳密集度最高的石油的保险和投资风险，促进了瑞士再保险开始从碳密度最高的生产商转移，开发蓝色债券促进清洁海洋和海上风电等项目，践行了中国对可持续发展目标的承诺，也通过全球互联互通形成了"一带一路"发展

---

① 习近平：《共同构建地球生命共同体——在〈生物多样性公约〉第十五次缔约方大会领导人峰会上的主旨讲话》，中国政府网，2021 年 10 月 12 日，http://www.gov.cn/gongbao/content/2021/content_5647343.htm。

的联动效应。①

综合来看，基于发展经济学的逻辑视角，本书细分出了包含五个方面的分析框架，分别是贫困与不平等、经济发展、健康与可持续社会、气候与环境、投资与援助，在这个框架中，"一带一路"倡议不管是理念还是行动都在践行着联合国2030年可持续发展目标，在联合国2030年可持续发展目标的架构下，"一带一路"倡议作为中国方案，彰显了中国智慧。"一带一路"大力推进了排贫减贫目标的达成进程，提升了国家内部和国家之间的平等度，促进了共建国家和地区的经济增长以及经济转型，社会体系更加完善也更具有包容性和可持续性，"一带一路"倡议中诸多应对气候变化和环境危机的举措也起到了重要作用，最后在投资与援助方面，中国与广大发展中国家分享自身经济发展的红利，加大投资与援助规模，提升投资与援助的水平，真正为人类命运共同体的构建贡献着中国力量和中国智慧。

---

① "Advancing the Green Development of Belt and Road Initiative: Harnessing Finance and Technology to Scale Up Low–Carbon Infrastructure", Insight Report January 2022, World Economic Forum, pp. 12–30.

四 "一带一路"倡议与联合国2030年可持续发展目标的契机与挑战

"一带一路"倡议是致力于全人类实现可持续发展目标的中国方案和中国智慧，从"一带一路"倡议的提出到实践，中国在维护世界和平与安全、促进全球发展、推动国际法治建设、坚定支持联合国在国际事务中发挥核心作用、促进和保护人权、推进社会领域的发展与合作、提升人类卫生健康水平等方面发挥着重要作用，这既符合了新时期发展经济学的发展要义，也突出了中国的国际道义。当前世界正处于百年未有之大变局，全球公共卫生危机的影响、大国地缘政治竞争态势的严峻、联合国的"行动十年"计划等都进一步考验着国家行为体和非国家行为的治理能力，如何将危机转化为契机，有效应对新形势的挑战将是摆在各国面前的重要议题。

（一）全球公共卫生危机的挑战

新冠肺炎疫情这一全球公共卫生危机使得国际社会中常规的制度和社会规范受到了不同程度的破坏，它以前所未有的方式为全人类敲响了警钟。[①] 世界经济的大幅度下滑、贫困人口的

[①] "COVID-19 Pandemic, an 'Unprecedented Wake-up Call' for All Inhabitants of Mother Earth", United Nations, April 22, 2020, https://news.un.org/en/story/2020/04/1062322.

急剧增加、不平等现象的恶化、民众生活质量的下降以及援助国承诺力的弱化等在一定程度上都肇始于新冠肺炎疫情的影响。2020年有1.2亿人左右重新陷入了极端贫困,全球极端贫困率二十年来首次上升,同时发展中国家的债务困境也在加剧,如下图4-1所示,外国直接投资和援助的承诺可信性下降,新冠肺炎疫情的暴发使得全球数十年取得的进展停止或者逆转,国家内部及国家之间的不平等现象加剧,欠发达国家和地区受到的风险打击更为巨大,其经济方面遭受了重大损失。联合国2030年可持续发展目标及《巴黎协定》所要解决的问题更加突出,尤其是发展中国家面临的风险最大,如何将此危机转化为契机将考验着所有国际社会行为体。各国需要重建有效的多边主义合作框架,投资数据和信息系统,在危机中激发复原力、适应力和创造力。

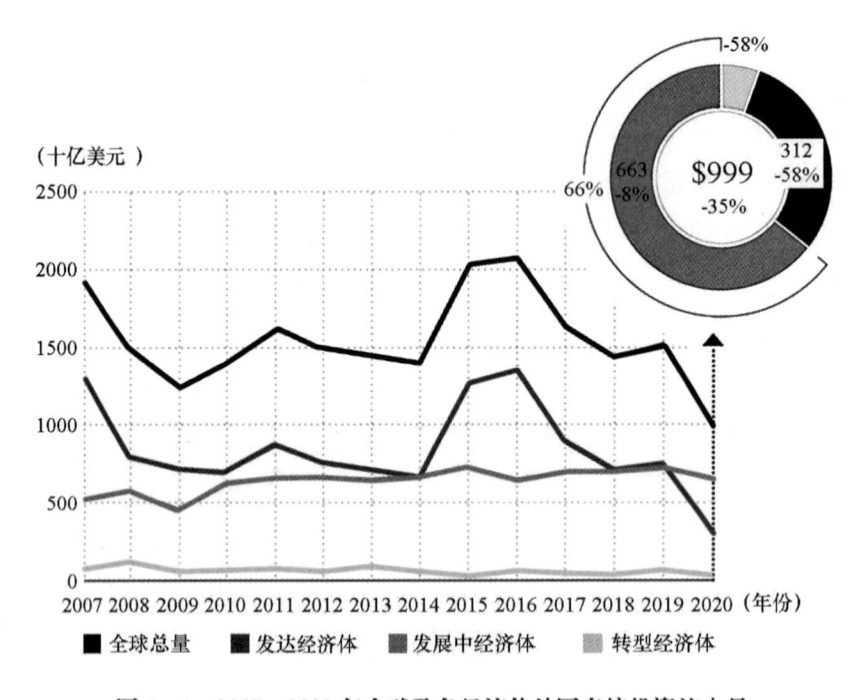

图 4-1 2007—2020年全球及各经济体外国直接投资流入量

资料来源:《世界投资报告2021——为可持续复苏投资》,联合国贸易和发展会议,https://unctad.org/system/files/official-document/wir2021_overview_ch.pdf。

全球公共卫生危机之下，制造业受到的打击比2008年国际金融危机之时更为严重，2020年制造业生产下降了6.8%，而最不发达的国家制造业增长率仅为1.9%，与2019年的8.7%相比微不足道。在这种情势之下增加研发方面的投资至关重要，同时在新冠肺炎疫情之下有助于塑造更公平社会的财政和金融政策在欠发达国家的作用并没有那么大，公平与包容性的社会之路目标还远未达成，数亿人仍生活在脆弱和易受冲突影响的国家和地区。[①] 对于众多发展中国家而言，其经济能力和资源使其难以应对新冠肺炎疫情，经济社会的恢复难度较大，在一定程度上甚至出现了新的发展危机，发展中国家在可持续发展项目领域获得的投资大大下降，相对于新冠肺炎疫情以前可持续项目投资率下降了33%，且这一降幅远比发达国家的要大，这不仅对其国家的发展带来负面影响还不利于新冠肺炎疫情的有效防控。[②] 如图4-2显示，除可再生能源部门之外，相对于新冠肺炎疫情之前其他所有投资部门的投资降幅都达两位数，这进一步加剧了经济恢复的难度，也对可持续发展目标的实现构成了新风险。

在这种背景下，各国需要团结合作，扩大国际支持，增强政治承诺的效力。在新冠肺炎疫情的严重影响下，联合国及时发布了《针对2019年新冠肺炎疫情的社会经济快速响应框架》，包括一体化的支持协助、确保基本的卫生服务、通过社会保护和服务帮助人们应对灾难、经济复苏计划、宏观经济政策的有效运行、提升社会粘合力和社区响应能力，这六个方面涵盖了从经济到社会、从卫生到就业、从个体到群体、从宏观到微观

---

① 《2021可持续发展目标报告》，联合国，https://unstats.un.org/sdgs/report/2021/The-Sustainable-Development-Goals-Report-2021_Chinese.pdf。

② *World Investment Report* 2021: *Investment in Sustainable Recovery*, United Nations, 2021, p.13.

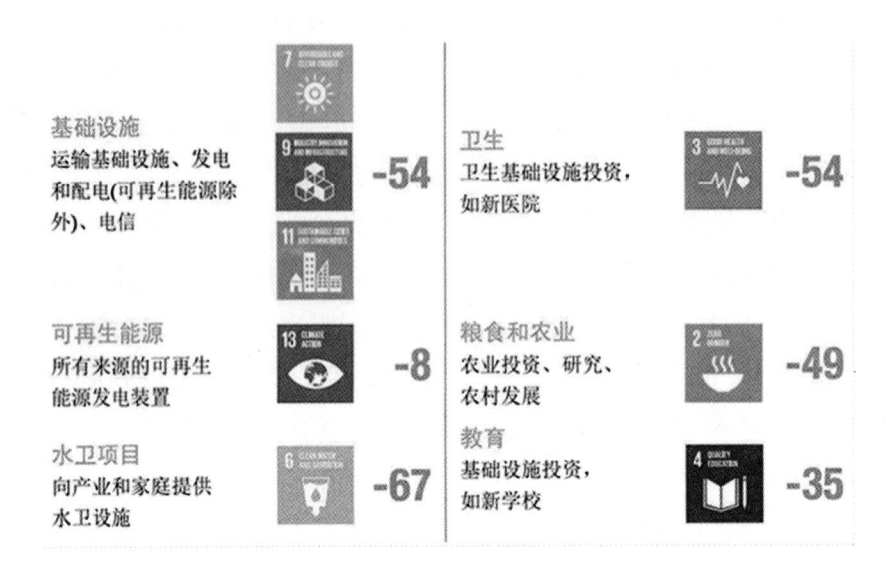

图4-2 2019—2020年新冠肺炎疫情对可持续发展目标国际私人投资影响的百分比变动

资料来源：《世界投资报告2021——为可持续复苏投资》，联合国贸易和发展会议，https：//unctad.org/system/files/official-document/wir2021_overview_ch.pdf。

等的全方位保障，尤其强调了对最脆弱国家的群体的关注，以期不让任何一员掉队。① 联合国还开启了诸如《全球人道主义应对计划》、联合国应急和恢复基金、团结应对基金等多项举措。诚然，全球公共卫生危机之下，单靠任何国家的一己之力都难以有效应对和管控，只有加强全球团结，才能将整个国际社会的凝聚力整合起来，实现资源的有效调配。在这个问题上，中国以对新冠肺炎疫情敏锐的研判力和协调各方的行动力实现了有效管控新冠肺炎疫情的目标，同时中国向世界分享管控经验，为世界多国援助防护物资，传播防护技术等帮助其他国家渡过难关。广大发展中国家在此次危机中所受影响尤为重大，援助

---

① "A UN Framework for the Immediate Socio-economic Response to COVID-19", United Nations, April 2020, https：//www.un.org/sites/un2.un.org/files/un_framework_report_on_covid-19.pdf.

国需要重拾对政治承诺的执行力，扩大国际支持和援助。

新冠肺炎疫情的暴发扩大了世界的信任赤字，以新冠肺炎疫苗为例，全球80%以上的新冠肺炎疫苗流向了二十国集团，低收入国家或欠发达国家只获得了0.6%的新冠肺炎疫苗，这不仅没有体现全球团结的进步，反而进一步割裂了不同发展程度国家之间的信任，同时需要在政府、私营部门、民间社会及国际组织之内的参与者之间搭建桥梁，在保证包容性和透明度的基础上构建一种有序和共同的"净零"融资模式，通过让更广泛的行为者参与进来，获得更多可持续发展的资金。[①] 这次全球公共危机虽给人类带来了前所未有的挑战和灾难，但危机中存在转机，这也是世界各国弥合分歧和管控冲突的重要时期，不管是基于意识形态、国家利益、文明差异还是权力博弈的矛盾，各国都需要摒弃意识形态的竞争，将新冠肺炎疫情防控和携手合作摆在更为重要的位置。同时，全球公共卫生危机也为各国重新思考人类命运共同体提供了契机，中国在国际社会中的积极担当和作为，以促进全人类的福祉为己任的情怀在一定程度上为其他国家重新认识中国提供了现实经验。新冠肺炎疫情之下概莫能外，只有全球团结起来，采取全方位有效措施才能有效管控新冠肺炎疫情，促进新冠肺炎疫情后经济社会的恢复和重建。在当前形势下，以往常规政策与社会规范已经遭受破坏，也正是在这样的危机时刻，采取大胆的改革措施，深刻系统地完成更可持续的经济转型，引导世界重回可持续发展的轨道，才能实现更绿色和包容性的经济发展，构建更具复原力的国际和国内社会。

---

① 《联合国常务副秘书长：现在比以往任何时候都更需要为可持续发展融资》，联合国，2021年11月29日，https：//news.un.org/zh/story/2021/11/1095182。

（二）大国地缘政治竞争态势的严峻

美国将其全球战略重心东移以来，从奥巴马政府至拜登政府，美国先后提出了亚太再平衡战略和印太战略，究其背后的根本原因，很大一部分源于美国对自身国际地位的不安全感和"霸权焦虑"。传统的地缘政治思维仍在当前欧美世界发挥着重要影响，认为"国强必霸"，因此，当中国综合实力和国际社会影响力都大幅上升之时，西方国家以冷战思维将中国看成"竞争对手"。面对体系中的后起国或新兴大国，其他国家会为了维护自身的安全而做出多种反应。对于大国和强国来说，制衡是其能力范围内做出的常见选择；而对于小国和弱国而言，为了获得更多的安全保障，虽然可能会损失部分主权利益和国家能动性，但追随强者或者"搭便车"仍是一个惯常的战略考虑。这些都是基于传统的零和博弈和冷战思维而做出的选择，尤其是在冷战结束之前，这两种国家行为模式更为常见。中美竞争态势的升级、美国单边主义和贸易保护主义的猖獗，都使得国际社会的不确定性、不稳定性和国际局势的不明朗性更加突出。这对于以往在美国安全保护伞下的国家而言，美国的霸主地位能够维持多久，以及它所提供的公共产品能够持续多久都成了未知数。其实中国只是西方构建的"假想敌"，因为从中国的文化基因到实际的外交行为都不断印证着中国倡导的是"美美与共""人类命运共同体"与"合作共赢"。然而，中国的合作姿态并未减缓美国遏制中国的步伐，美国以"印太战略"为平台，在印太地区屡屡动作，搅局南海问题、充当中印边界矛盾的幕后黑手、在中国台湾问题上频频越界等，从东北亚到东南亚再到南亚地区都不断构建着围堵中国的圈层，使得中国的周边环境进一步严峻。除此之外，世界其他地区的传统安全及非传统安全问题也在不断凸显，这也加剧了国际形势的紧张态势。

中美之间态势的严峻使得国际社会难以维持平静,尤其是在新冠肺炎疫情的背景下,这种紧张态势更为明显。中美关系并非简单的双边关系,在维护全球秩序和为全球提供公共产品方面,中美各自发挥着重要和不可替代的作用,两国在诸如应对气候变化、管控新冠肺炎疫情、打击恐怖主义等多个领域建立了紧密的合作关系,任何一方的缺席对于国际社会而言都是难以想象的。① 在这种大国地缘政治态势的严峻背景下,其他国家也在不断调整自己的战略选择。"一带一路"倡议之下多个项目为诸多国家带来了发展红利,在经贸、社会、人文交流等领域与中国建立了紧密的联系,而另一方面,美国公共安全产品的输出也使得一些国家在安全上与美国的关系较为密切,因此或追随,或制衡,或对冲成了它们的重要选择。针对地缘政治态势的变化,中美之间应管控分歧,杜绝"假民主""小圈子"和意识形态的偏见,以真正的多边主义开启国际交往,在可持续发展问题领域展开密切合作,为联合国2030年可持续发展目标贡献力量。

2021年12月9—10日拜登政府组织110个国家召开了所谓"民主峰会",会议以对抗所谓"威权主义""打击贪腐""促进尊重人权"为主题,并争取其他国家对全球倡议进行支持,其中包括建立一个"未来互联网联盟",也就是在同一天美国宣布对中国、朝鲜、缅甸等八个国家的几十名个人和机构实施制裁。美国打着民主的旗号其实是在肆意干涉别国内政,严重违反了国际法的基本准则,是对真正民主的侵犯和践踏。美国夸大意识形态和价值观的差异,对内只追求形式民主和程序民主,而

---

① 《2021年度北京香山论坛专家视频会开幕》,中华人民共和国国防部,2021年10月25日,http://www.mod.gov.cn/topnews/2021-10/25/content_4897536.htm。

忽略了实质民主和结果民主，美国的金钱政治、少数精英政治和否决政治其实是美式民主制度的痼疾，以冷战思维拉拢其他国家围堵中国不仅破坏了国际社会的和平稳定，也扩大了国家之间的鸿沟。①

除了中美之间的竞争态势严峻之外，欧盟、日本、澳大利亚等也加入到权力博弈之中，美国与欧盟2021年12月3日举行"美欧中国议题对话"并发表联合声明将以负责任的方式管理与中国的竞争和系统性对抗（system rivalry），日本肆意对中国台湾问题发表言论称"台湾的紧急情况就是日本的紧急情况"。美国和俄罗斯之间就乌克兰局势展开了博弈，俄罗斯与印度签署了军事与技术合作协议，强化双边防务合作。美国计划在2022年与亚洲国家共同推行经济框架协议，这是将科技和经贸问题的政治化。欧盟在2021年12月公布了"全球门户"计划，到2027年之前，欧盟可能会投资3000亿欧元用于发展中国家基础设施建设，但是其前提是以价值观为基础，被投资国需符合欧盟的民主价值观，虽表面看来这是一项惠及全球发展的措施，但实质上隐含着干涉别国内政的层面。② 这项措施被看成是与"一带一路"倡议的竞争，但是"一带一路"框架下中国的经贸项目和投资建设并不与政治相挂钩，真正做到了互不干涉内政与合作共赢。

世界上的问题错综复杂，解决问题的出路是维护和践行多边主义，推动构建人类命运共同体。中国会继续坚持开放包容、

---

① 《美国民主情况》，中华人民共和国外交部，2021年12月5日，https://www.fmprc.gov.cn/zyxw/202112/t20211205_10462534.shtml。

② David Hutt，"'全球门户'在东南亚能与'一带一路'抗衡吗？"，德国之声，2021年12月13日，https://www.zaobao.com.sg/wencui/political/story20211214-1222797。

坚持以国际法则为基础、坚持协商合作、坚持与时俱进。① 在全球治理层面，需要国际社会各种类型国家发挥自己的作用，大国地缘政治的博弈需要管控在一定限度内，将焦点转移到当前紧要的新冠肺炎疫情防控、气候变化、疫情后经济重振等问题上来。同时有效处理与其他国家和地区之间的合作关系，充分展示中国负责任大国的国际形象和国际担当。

（三）"行动十年"计划和行动主义超级年

距离2030年可持续发展目标的实现期限还有不到10年时间，为如期完成目标，使人类社会发展水平更上一个台阶，在2019年9月的可持续发展目标峰会上，世界各国领导人呼吁开展"行动十年"计划，作出15项发展承诺，呼吁加速行动，在所有相关的经济、社会及相关领域采取协调一致的行动，努力实现不让任何一个人掉队、筹集充足的资金并加以明智使用、加强国家的执行能力、建设更有效负责透明的机构、加强地方行动、建设抗灾能力、加强全球伙伴关系、重视数字转型、加强国家的统计能力以及加强高级别政治论坛。② 联合国秘书长古特雷斯呼吁世界在全球层面、地方层面和个人层面开展"行动十年"计划，在全球层面上应着力于全球行动，以更强的领导力和更明智的解决方案为可持续发展目标注入动能，在地方层面，各级政府和城市需要在制度和监管框架上做出必要的转型以符合可持续发展目标的要求，在个人层面上需要将每个人动员起来调动积极性和创造力，推行必要的新商业模式

---

① 习近平：《让多边主义的火炬照亮人类前行之路——在世界经济论坛"达沃斯议程"对话会上的特别致辞》，人民出版社2021年版，第5—7页。
② 《联合国大会通过可持续发展高级别政治论坛政治宣言》，联合国，2019年9月9日，https：//undocs.org/zh/A/HLPF/2019/l.1。

改革。① 虽然相对而言，人们的生活质量得到了提高，国家综合国力也在不断上升，但不平等与气候危机仍然时刻威胁着人们，因此"行动十年"的核心是采取行动，消除不平等、增强妇女和女童的权能，以及有效应对气候紧急状况。② 由于新冠肺炎疫情的严重影响，国际社会遭受重创，一定程度上为2030年可持续发展目标的实现带来了巨大挑战，基于此一些组织和民间社会呼吁开展"行动主义超级年"，以更紧密的合作和更大的力度加强行动和创新，使人与人的关系重新紧密、人与自然的关系重新平衡，从加大资金投入等多个方面为可持续发展提供更多保障。

"行动十年"计划和"行动主义超级年"的倡议为世界各国的进一步发展提供了一定的指导作用，不管是"行动十年"计划还是"行动主义超级年"都呼吁加强对世界重大挑战进行有效应对，在贫困、不平等、气候变化以及资金缺口方面都有涉及，在传统挑战和新挑战的叠加之下，各方行为体都需要被动员起来，增强对可持续发展目标的认知，并调动其积极性促进可持续发展目标的实现，除此之外还需要设定更高的发展目标，以及提出针对现实问题的有效解决方案。③ 中国在此方面不仅以

---

① António Guterres, "Remarks to High－Level Political Forum on Sustainable Development", United Nations Secretary－General, September 24, 2019, https：//www. un. org/sg/en/content/sg/speeches/2019－09－24/remarks－high－level－political－sustainable－development－forum.

② "Decade of Action", Sustainable Development Goals, https：//www. un. org/sustainabledevelopment/decade－of－action/.

③ "Deputy Secretary－General's Opening Remarks to Informal briefing to Member States on the Decade of Action [as prepared for delivery]", United Nations Secretary－General, January 19, 2019, https：//www. un. org/sg/en/content/dsg/statement/2019－12－19/deputy－secretary－generals－opening－remarks－informal－briefing－member－states－the－decade－of－action－prepared－for－delivery.

"一带一路"倡议切实给出了中国方案,还通过"一带一路"倡议下的多层次、多结构以及多领域的合作关系开展了具体的行动,提出共建创新包容的开放型世界经济,深入探讨全球治理体系的新思路,构建多类型伙伴关系、搭建经贸合作平台、分享新冠肺炎疫情防控经验和技术,强有力地推动了联合国2030年可持续发展目标实现的进程。据《地球大数据支撑可持续发展目标报告(2021)》显示,中国在五岁以下儿童生长迟缓比例、可便利使用公共交通的人口比例、土地退化比例以及山地绿色指数四个指标上整体接近或已达到了联合国2030年可持续发展目标,近10年来中国北方春季沙尘天气出现的频次呈波动下降趋势,同时中国森林碳汇增加速度为199.54TgC/a,中国生态系统自然碳汇能力呈现明显增加的趋势,2000—2020年间,作物水分利用率及中国湖泊水体的透明度整体上升,水资源的综合管理能力达到了全球的中上水平,中国在管理水质、水生态方面的成效显著。① "行动十年"计划与"一带一路"倡议相得益彰,中国也将以更强有力的赋能行动参与到国际社会的治理中,坚定维护多边贸易和治理体制,与各国携手应对全球性挑战。

百年未有之大变局下,国际社会的不稳定性、不确定性和不可预测性更为显著,其中全球公共卫生危机、大国地缘政治态势的严峻为多方行为体带来了巨大挑战,但契机与危机共存,实现危机向契机的转化是重要的思考维度。这为各国加强全球团结与国际合作、管控分歧与淡化矛盾提供了机遇,而新形势的发展也需要各方行为体的团结一致,"行动十年"计划和"行动主义超级年"也从联合国的角度为具体的行动提供了指向。

---

① 《〈地球大数据支撑可持续发展目标报告(2021)〉发布》,人民日报客户端,2021年9月28日,https://wap.peopleapp.com/article/6319526/6211239。

共建"一带一路"的实践将会进一步在联合国可持续发展框架下实现新的突破,同时也强有力地推动了联合国 2030 年可持续发展目标的达成。

(四)"一带一路"倡议与美国的基建计划和欧盟的"全球门户"计划对比

在中国深化推进高质量共建"一带一路"的过程中,国际形势发生了重大变化,以美国为首的西方国家实力相对衰弱,同时为国际社会提供公共产品的能力和意愿都有所下降,中国则以负责任大国的形象同尽可能多的国家共享发展红利,而美国认为依靠自身力量并无法对中国形成有效遏制,因此美国就联合其盟友和伙伴国从意识形态、价值理念等方面故意割裂世界,将中国刻画成"潜在威胁",对中国形成围堵之势。1797 年特拉西(Destutt de Tracy)正式提出意识形态这一概念,之后随着政治民主化程度的提高得到了进一步的强化,① 冷战结束后,虽然国际社会关于意识形态的话语研究越来越少,但是这并没有磨灭意识形态在国际竞争和国家利益层面的重要性。意识形态的不同会反映在国家的战略偏好、利益倾向、价值观和"自我""他者"身份的区别上。现代政治在"认同政治"上发生了深刻变化,冷战时期明显的意识形态上的敌我关系逐渐被相互依赖的经济、社会、政治关系所淡化,这使得"意识形态的时代"似乎已经成为过去,但意识形态在以政治、经济、社会、文化、军事等为载体的利益竞争性表现中依然发挥着重要影响。

进一步讲,意识形态之争其实是权力政治,自 2010 年中国

---

① [英]麦克里兰:《意识形态》,孔兆政、蒋龙祥译,吉林人民出版社 2005 年版,第 1—12 页。

超过日本成为世界第二大经济体之后，美国日益感受到来自中国带来的结构压力，自奥巴马政府到特朗普政府都在不断强化对中国的遏制，先后以"亚太再平衡""印太战略"和 B3W 等进入印太地区挤压中国的战略空间，并且在这个过程中美国的政治术语也发生了变化，从之前的"亚太"后逐渐扩展到"印太"以及跨太平洋和大西洋的全球联动。这是美国在其大战略下故意扩大区域的概念，只有更大范围的概念解释才能便于美国的介入，虽表面看似是维护"自由开放的区域"，实则是为其肆意干涉区域事务寻找政治合法性和借口，而这在客观上也损害了区域国家的自主权，就印太地区而言，美国就是要通过此举稀释中国通过"一带一路"倡议积累的声誉和优势。为了切实遏制中国的发展，美国在 2021 年先后公布了三项方案，分别是"2021 美国救援方案法"（American Rescue Plan Act of 2021）、"美国就业计划"（Job Plan）和"美国家庭计划"（Family Plan），总称为"重建更美好世界"计划。欧盟在 2021 年年底公布了"全球门户"（Global Gateway）投资计划，欲在 2027 年前向世界范围内投资 3000 亿欧元，主要集中在基础设施、数字、能源、气候等项目。不管是美国的 B3W 计划还是欧盟的"全球门户"计划，其在一定程度上都是对中国形成抗衡的方案。接下来将详细讨论"一带一路"倡议与美欧计划的内涵及其本质区别。

1. 美国的"重建更美好世界"计划（B3W）

"重建更美好世界"计划，全称为《2022 财年预算决议与协调：我们将如何重建更美好的世界》，是拜登政府上台后于 2021 年颁布的财政计划方案，包括"2021 美国救援方案法""美国就业计划"和 2021 年 4 月的"美国家庭计划"。就内容来看，美国意欲通过 B3W 满足中低收入国家巨大基础设施缺口，据白宫公布数据显示，目前在发展中国家仍有 40 万亿美元的基建需求缺口,而在新冠肺炎疫情之下,这一需求将进一步扩大。① B3W 明确表示其价值观的主导性驱动,也就意味着基建伙伴关系的建立是以价值观的契合为条件的,这就在一定程度上有可能会对当事国的自主性和独立性产生损害。2022 年 1 月,拜登政府开始着手实施基建法案,并进行了相关具体部署,签署了专门的"行政法令"并成立了"基建设施工作组"(Infrastructure Implementation Task Force),在道路、桥梁和交通基础设施方面,美国宣布投入 270 亿美元来修复或者替代老旧桥梁,在水资源设施方面美国国家环境保护局(Environmental Protection Agency,EPA)宣布投入 74 亿美元进行升级,另外在高速公路网络、清洁能源和环境等方面都进行了不同程度的资金投入。② 由此可见 B3W 计划已经从机构设置、人员管理、资金拨款等方面进行了相关安排,但是由于美国国内党派政治矛盾不断,再加上国内社会矛盾的刺激,B3W 计划的开展还存在诸多挑战和困难。

B3W 的提出一方面强化了美国与中国进行全方位多领域竞争的态势,另一方面美国也欲借此修复特朗普之后与盟友及伙伴国之间的关系,美国已将中国定位为"现实威胁","赢得对中国的竞争"变成了美国当前战略的核心,而加大在基础设施上的投资是美国增强内外竞争力的主要手段,"一带一路"倡议

---

① "FACT SHEET:President Biden and G7 Leaders Launch Build Back Better World (B3W) Partnership", White House, June 12, 2021, https://www.whitehouse.gov/briefing-room/statements-releases/2021/06/12/fact-sheet-president-biden-and-g7-leaders-launch-build-back-better-world-b3w-partnership/.

② "FACT SHEET:Biden-Harris Administration Hits the Ground Running 60 Days into Infrastructure Implementation", White House, January 14, 2022, https://www.whitehouse.gov/briefing-room/statements-releases/2022/01/14/fact-sheet-biden-harris-administration-hits-the-ground-running-60-days-into-infrastructure-implementation/.

的发展使得美国及其盟友在基础设施的竞争上达成了共识，但是就其发展前景而言，B3W诉诸所谓"规则"和更严苛的标准、发起方存在意见分歧、能否形成集体合力存疑以及经济上的不景气为其进一步发展带了多重挑战。① 美国将B3W当作区别于"一带一路"倡议的替代选择，但其从提出之际就声称要建立"以价值观为主导的，高标准和透明的基础设施伙伴关系"，虽然在格拉斯哥的气候峰会上，南非与美国及一些欧洲国家签署了价值85亿美元的合作协议，以建设更清洁的能源替代设施，但仍有相当一部分国家还在继续观望。美国其实是借基建计划进行价值观外交，仍是以意识形态作为划分标准，在美国的战略焦虑下重新获得世界主导地位是B3W的重要目标，而在此过程中，为美国国内创造就业的有效性及美国家庭收入的提高在美国的全球大战略中的重要性仍有存疑。此外B3W虽宣扬是为中低收入国家创造"更美好的世界"，通过加大投资，以更标准和环境友好型的规则建立伙伴关系，其实质是"重建更美好的美国"和重新建立美国主导的国际社会。

从对美国国内的影响来看，B3W可能会提高私营部门的生产力和经济发展，在一定方面改善美国的基建设施，对于就业也可能会起到刺激作用。但是相对而言，其国际影响或者外交影响在美国的战略中占据更为重要的地位，这代表着美国继中美经贸摩擦之后进一步与中国展开竞争的举措。对于中国来说，"一带一路"是一项重要的发展倡议，对中国自身和相关国家都产生了至关重要的影响。从2022年开始，美国开始计划在全球投资5—10个大型的基建项目，在美国看来这是与中国进行基建竞争的重要步骤，通过对抗性竞争在多个领域抗衡中国，但是从现实情况看，"一带一路"倡议始终坚持开放包容和互利共

---

① 龚婷：《美国发起"重建更美好世界计划"：背景、概况及前景》，《和平与发展》2021年第6期。

赢的态度,面对美国的竞争需要进行多角度分析。中国与美国在全球的基建方面存在合作空间,在国际项目的招投标上可以"引进来""走出去",既可参与到别国的项目中,也向别国开放市场,并且在项目的推进过程中,落实能力是成功的关键。①美国的B3W以价值观和意识形态为核心展开全球基建竞争,欲以此抵消"一带一路"倡议,这并不符合当前国际社会的发展趋势,在全球化深入发展的今天,相互替代和相互排斥的关系不仅不利于当事国的发展,也恶化了国际政治局势,更对联合国2030年可持续发展目标的实现制造了障碍,共同促进各国之间的互联互通才能真正实现全球的可持续发展。

　　综上所述,从本质上来看,B3W是美国与中国竞争国际市场、重新树立美国全球主导权的举措。"一带一路"倡议通过基础设施建设等"硬联通"及数字化、科技、创新等"软联通"强化与共建国家的经贸关系,并在一定程度上增强了中国的国际影响力,美国认为中国的发展挤压了美国的主导空间,基于此提出相应措施对抗中国。从中美竞争力来看,"一带一路"倡议自提出以来经过不断深化和发展,已经取得了显著成就,并积累了丰富的合作经验,再加上中国以及亚太地区经济增长潜力的强劲,在高质量共建"一带一路"的过程中将会继续加强全球的互联互通。相对而言,美国国内经济疲软,党派政治矛盾不断,对提供全球公共产品的承诺力度降低,具体基建资金来源不明确等问题层出不穷,这影响到了B3W的真正实施进程。B3W是美国升级与中国竞争的主要表现,一方面在中国占据优势的领域与中国争夺市场,另一方面这也是美国构建关系网的联盟手段,在新冠肺炎疫情的影响下,世界各国都不同程

---

　　① 黄仁伟:《美欧公布全球基建计划,"一带一路"面临何种机遇与挑战?》,复旦发展研究院,2021年12月6日,https://fddi.fudan.edu.cn/74/7d/c21257a423037/page.htm。

度地遭受到了冲击，国内经济发展缓慢甚至后退，失业率上升，社会矛盾激化，在这种背景下，寻找甚至"制造"外部敌人转移国内矛盾成为相当一部分国家当权者的政治手段。就美国而言，其面临着国内和国际双重压力，因此升级与中国的竞争能更好地转嫁美国政府在国内的压力，同时拉拢盟友建立共同针对中国的网络也弱化了其他国家对美国降低公共产品供给率的指责。对于美国而言，B3W可以说是"一石多鸟"，其实在美国看来B3W的真正效力并非其关注的重点，其重点是通过这一计划向其盟友及其他一些国家表明，美国有意愿和有能力继续担任世界"主导者"的角色，从这个角度上看，B3W的象征意义远大于其实际意义。"全球基础设施领域合作空间广阔，各类相关倡议不存在相互抗衡或彼此取代的问题。世界需要的是搭桥而不是拆桥，是互联互通而不是相互脱钩，是互利共赢而不是封闭排他。"①

2. 欧盟的"全球门户"计划

2021年12月初，欧盟公布了"全球门户"（Global Gateway）计划，欧盟委员会文件称将在2027年前投资3000亿欧元，集中在基础设施建设、数字化以及气候应对等领域。据欧盟委员会称，该计划旨在以"欧盟的民主价值和最高的社会及环境标准"进行投资项目的合作，促进欧盟与世界其他国家的供应链改善和贸易发展。很明显，欧盟"全球门户"计划把西方价值观和意识形态作为受援国家的先决条件与接纳标准。欧盟委员会主席冯德莱恩（Ursula von der Leyen）在记者会上表示，"全球门户"计划旨在找到一条与"一带一路"倡议不同

---

① 《2021年11月9日外交部发言人汪文斌主持例行记者会》，中华人民共和国外交部，2021年11月9日，https：//www.fmprc.gov.cn/wjdt_674879/fyrbt_674889/202111/t20211109_10446048.shtml。

的"替代方案"。对于"全球门户"计划欲替代"一带一路"倡议,主要存在两方面的问题,即有无必要替代和有无能力替代。在有无必要替代的问题上:"全球门户"计划没有必要替代"一带一路"倡议。在新冠肺炎疫情的影响下各国经济都受到了不同程度的压力,经济有所衰退,尤其是全球公共卫生危机需要各国联合起来共同抵御才有可能平缓渡过难关。"一带一路"倡议是习近平总书记于2013年首次提出的发展倡议,之后不断深化拓展,已与世界140多个国家签署了200多份合作文件,"一带一路"倡议提出9年来,始终坚持共商共建共享、开放绿色廉洁、高标准惠民生可持续的高质量发展理念,推动建成了一大批合作项目,加强了各国互联互通水平,为共建"一带一路"合作国家的人民带来了实实在在的利益,已经成为广受欢迎的国际公共产品和规模最大的国际合作平台。并且中国有着与广大发展中国家合作的丰富经验,能够更加科学和精准地帮助处理发展中国家在合作项目中的难点。而相对来讲作为与发展中国家有着巨大发展差距的欧洲发达国家,其早期有着殖民的历史,对于发展中国家在发展上遇到的困难并不能"感同身受"继而共同解决,其欧洲中心主义的固有优越感在一定程度上排斥了可能本来适合发展中国家但与欧洲民主价值不相符的发展路径。

在新冠肺炎疫情影响下,2020年全球FDI较2019年降幅35%,在全球价值链密集型产业、资源型活动等领域的外国直接投资降幅更大,但降幅在不同的国家并不均匀(拉丁美洲和加勒比地区45%,非洲16%,欧洲80%,北美42%),而转型经济体的外国直接投资下降了58%。[①] 这就意味着在后疫情时代经济复苏成为主要议题,尤其对发展中国家而言其基础设施

[①] 《世界投资报告2021:为可持续复苏投资》,联合国贸易和发展会议,2021年,第2—6页。

的投资缺口仍然巨大。在这种背景下,"全球门户"计划可以与"一带一路"倡议形成相互合作、相互促进的发展倡议模式,以各自的相对优势共同促进投资贸易市场的良性开发。如果"全球门户"计划意欲完全替代"一带一路"倡议则没有必要,甚至有可能会损害欧盟自身的供应链。

在有无能力替代的问题上:"全球门户"计划无能力替代"一带一路"。主要是因为欧盟自身发展乏力、发展中国家的投资条件与欧盟预想存在偏差、各国对于独立自主发展的坚持和追求。欧洲本身经济发展乏力,且在融资渠道和有效性上存在诸多问题,虽然欧洲投资银行和欧洲复兴开发银行及一些私营企业可能会积极参与,但在权利和责任分割方面并没有达成一致,且欧盟无法清晰地阐释资金的来源与途径,相对于中国更大体量的经贸基础而言,欧洲每年600亿欧元的投资并不会对"一带一路"框架下的项目产生实质性影响。此外,发展中国家的投资环境与发展条件相对更为艰苦,诸多发达国家并不适应在这样的条件下开展合作,且回报率并不高,因此欧洲企业并不愿意投入更多人力物力财力,这反倒给有着深厚发展基础的中国创造了条件,再加上中国是真正要与广大发展中国家共同发展、互利共赢,这也是"一带一路"倡议能够不断顺利开展的原因之一。① "全球门户"计划在提出之际就与"民主和价值观"挂钩,这使其政治色彩尤为浓厚,而"一带一路"倡议在发展的过程中始终坚持互不干涉内政的原则,尊重当地的发展习惯和偏好,对于合作国家来说,对独立自主的追求也为"全球门户"计划的进一步推进带来了挑战。从这个角度上讲,欧盟的"全球门户"计划并无能力替代"一带一路"倡议。

---

① [俄] 列昂尼德·科瓦契奇:《欧盟推出"全球门户",对冲中国"一带一路"》,俄罗斯卫星通讯社,2022年2月3日,https://sputniknews.cn/20210917/1034489998.html。

"全球门户"计划从地缘经济上看是保持和维护欧洲在数字经济及绿色发展方面的竞争力和话语权,这也是欧盟"亚欧互联互通"计划的2.0版。"全球门户"计划也进一步强调了数字经济和绿色发展的重要性,而欧盟在这两个领域的进一步拓展需要发展中国家的广阔市场;从地缘政治方面看,欧盟在美国的B3W之后提出基建计划可以看成是对美国提出聚群抗衡中国的回应和站队,另一方面也以"清洁绿色倡议"为口号让自己获得道义制高点。① 其实在欧盟的全球战略中,近些年来一直深受欧盟在世界影响力下降的影响,亚太地区新兴经济体的迅速发展使得世界发展重心逐渐向东亚地区转移,亚太地区已经是当今国际社会中最具有发展活力和最具有潜力的地区之一,数据显示,在过去的十年,全球经济增长的贡献量中有60%来自亚洲,而中国每年的经济增长占据了世界的30%左右,是为世界经济增长做出最大贡献的国家。② 欧洲作为最早发生工业革命和走上现代化和工业化的地区,其中心主义带来的优越感已经使其不能接受实力不济造成的落差,再加上凭其自身并不能与中国的大经济体量相抗衡,因此在美国的拉拢之下,欧盟趁势重新寻找自身的定位和重新建立中心地位。但是从客观上来讲,"全球门户"计划不仅可以为欧盟赢得美国这个伙伴国,同时对其自身竞争力和影响力的提升也有着重要意义。

而进一步思考"全球门户"计划,其核心一方面是要帮助欧盟重新找到地缘和能力定位,通过追求全球视野和国际影响,巩固其在经济和科技中的中心地位;另一方面是试图通过规则、

---

① 蔡彤娟:《欧盟"全球门户"计划不应忽视与中国的合作》,中国网,2021年12月25日,http://www.china.com.cn/opinion2020/2021-12/25/content_77951986.shtml。

② 《驻芝加哥总领事赵健在"亚洲观察"研讨会上的致辞》,中华人民共和国外交部,2019年8月22日,https://www.fmprc.gov.cn/web/dszlsjt_673036/zls_673040/t1692425.shtml。

民主、人权、可持续发展等借力获得国际道义制高点,重新获得规则制定权。① 这是近些年来欧洲在全球影响力下降的背景下想重振欧洲"中心地位"的尝试,鉴于"一带一路"倡议不断发挥重要作用,欧盟也欲效仿中国。但是问题在于涉及范围内的资本、技术、经济、人员流通是如此迅速,继续进行零和博弈早已不符合时代发展要求,中国倡导的公平、公正、相互尊重、互利共赢才能既有利于各方的发展,又顺应时代潮流。在推进联合国 2030 年可持续发展目标达成的过程中,各国应以更多共识形成合力,沟通协调相互促进,也只有这样才能推动世界范围内的稳健进步。

美欧不仅先后推出了 B3W 计划和"全球门户"计划,双方还进行了多次联动。2021 年 12 月美欧举行对华对话第二次高级别会议和第二届"美欧中国议题对话会",双方认为中国的发展对印太地区的和平与繁荣造成了"威胁",美欧要进一步加强合作管控与中国的"系统性对抗"②。美欧的 B3W 计划和"全球门户"计划试图替代"一带一路"倡议既无必要也无能力,美欧联合对中国的制衡举措对国际社会的稳定带来了负面影响,不仅不利于新冠肺炎疫情后的经济复苏,也加剧了国际政治的紧张态势,更对联合国 2030 年可持续发展议程制造了障碍。与意识形态和价值观挂钩的发展倡议使其存在"先天性缺陷",将经贸问题政治化、发展问题政治化,不仅不利于发展,对经贸合作的推进带来不良影响,也对各国间友好政治关系的构建带来了挑战。

---

① 崔洪健:《欧盟"全球门户"战略未脱门户之见》,新华丝路,2021 年 11 月 22 日,https://www.imsilkroad.com/news/p/469278.html。

② 《美欧强烈关切中国"单边海上行动"》,《联合早报》,2021 年 12 月 3 日,https://www.zaobao.com.sg/realtime/china/story20211203-1219520。

3. 其他意图抗衡"一带一路"倡议的相关方案

除了美国的 B3W 和欧盟的"全球门户"计划之外，不得不提的是美日澳主导的"蓝点网络"计划（Blue Dot Network），该计划的首次提出是在 2019 年 11 月的"印太商业论坛"上，美日澳三国联合发起了旨在建设高标准更开放的基础设施计划，经过了一年沉寂之后，2021 年 6 月三国重启"蓝点网络"计划在巴黎召开认证咨询会。该项目体现出了美国试图通过多边主义的方式开展基建计划，一方面强化与盟友之间的关系；另一方面形成削弱"一带一路"倡议的合力。"蓝点网络"计划突出了多边性，在评估认证中将安全性和可持续性作为核心，并通过政府评估推动私营部门和企业的投资，美国想以此计划加强美日澳三国的经济和政治合作关系，三国形成优势互补扩大在印太地区基础设施建设中的存在和影响力，并试图打乱"一带一路"的发展布局，但"蓝点网络"计划可能因其"高标准"而成为基建项目的"米其林指南"[①]。"蓝点网络"计划中设置了一些非技术性标准，强调突出透明性、环保、人权、债务等方面，有影射西方国家负面评价"一带一路"的含义，在此过程中 B3W 计划在不断推进，可以认为"蓝点网络"计划会与 B3W 计划相辅相成，在不同方面抗衡"一带一路"倡议。但是与 B3W 和"全球门户"计划存在的问题类似，"蓝点网络"计划从一开始就带有政治划线和站队分割的色彩，但是与其他两个方案不同的是，"蓝点网络"计划中的多边主义特征更加明显，这也是美国构建其印太安全网络体系的重要方面。

---

① 刘津瑞：《"蓝点网络"计划：美版"一带一路"?》，中美印象，2021 年 7 月 4 日，http://www.uscnpm.com/model_item.html?action=view&table=article&id=25363。

(五)"一带一路"倡议的可持续性影响与联合国2030年可持续发展目标

自2013年"一带一路"倡议实施以来,其框架下的项目为共建国家和地区带来巨大的发展红利,也为联合国可持续发展目标的实现做出了突出贡献,具体来看,"一带一路"倡议在全球范围内为经济、政治、社会等方面产生了不可忽视的可持续性影响,而这些都对接了联合国可持续发展目标,后文将进行具体阐述。

1. 经济上的可持续性

在高质量共建"一带一路"的过程中,中国大力支持和促进广大发展中国家的绿色低碳发展,并停止境外煤电项目的新建,对大型风电、水电等相关清洁能源项目的投入不断增加,中国也开始开拓与更多国家在这方面的合作。其中,中国与沙特阿拉伯共同合作的红海新城储能项目储能达1300兆瓦时,是世界上最大规模的储能项目和全球最大的离网储能项目,同时在沙特阿拉伯"2030愿景""国家转型计划"中也是重点可持续发展的项目,这将促进沙特阿拉伯摆脱对传统石油能源的依赖,不仅推动经济的转型和多元化发展还通过清洁能源的使用,实现可持续发展的目标。2019年4月,中国生态环境部与中外合作伙伴共同发起成立了"一带一路"绿色发展国际联盟,并发布了《"一带一路"绿色投资原则》,中国与印度尼西亚、哥伦比亚、孟加拉国、新加坡等国家共同发起了"一带一路"绿色发展伙伴关系倡议,旨在加强政策上的沟通与协调,相互借鉴经验与成功实践,推进清洁能源的开发,强化在可再生能源上的国际合作,同时鼓励和支持开发有效的绿色金融机构,在融资方面集中于低碳项目和环境友好型项目并使其实现资金充足、融资可预测、可持续,在机构设置上加强人力资源与机构能力的建设,以此促进绿色和可持续经济的复苏。[1]

绿色发展始终是"一带一路"建设的重点指南,中巴经济走廊合作也实现了产业升级,其中巴基斯坦卡洛特水电项目在成为能源合作的优先和重点项目后,通过制定《生物多样性管理计划》,聘请专家制定了严格的鱼类保护措施,树立禁渔标志,科学管控泄放生态流量,也逐渐实现了清洁和绿色发展的愿景。在加纳特码新集装箱码头项目中加强了对海域海龟的有效保护,这对于维护生态平衡起到了明显的促进作用。越南芹苴生活垃圾焚烧发电项目不仅是越南首个现代化的垃圾发电项目,越南获得了中国最先进的垃圾焚烧发电项目,还推动了中越在环境保护方面的技术交流。中国企业也对马耳他的能源结构优化起到了重要作用,土耳其的卡赞天然碱项目在中国化学技术的参与和合作下,成为顶级的环境友好型项目。[2] 生态文明建设的理念在"一带一路"的经贸投资中也得到了贯彻,绿色资金融通、绿色债券等一系列绿色融资工具为绿色投资开辟了新路径,"雄鹰债"的发行、绿色金融产品的推出进一步引导了投资决策的绿色化。通过鼓励"一带一路"共建国家政策采购中能包含更多带有环境标识的产品,中国深入探索建立了环境标志产品互认机制,进而签署互认合作协议,可以说在生产、采购、政策、机制、消费等各个方面都包含了绿色低碳与可持续的理念,进一步完善了绿色产业链的管理。

"一带一路"框架的绿色项目中,借鉴了国际先进的环境评

---

[1]《"一带一路"绿色发展伙伴关系倡议》,中华人民共和国外交部,2021年6月24日,https://www.fmprc.gov.cn/web/ziliao_674904/1179_674909/202106/t20210624_9180839.shtml。

[2]《绿色是共建"一带一路"的亮丽底色》,中华人民共和国国家发展和改革委员会,2021年12月16日,https://www.ndrc.gov.cn/wsdwhfz/202112/t20211216_1308088.html?code=&state=123。

估制度，进一步完善了绿色环保的管理体系，推广了绿色环保技术、注重环保技术的创新，融资渠道上的可持续性，并开展绿色教育以从绿色人才队伍上着力，中国从国内政策上的顶层设计到国际绿色发展合作机制上都进行了努力，不断探索并推出了划定绿色产业和绿色项目的标准，2019年发布了《绿色产业指导目录（2019年版）》，2021年修订并印发了《绿色债券支持项目目录（2021年版）》清晰界定了绿色债券支持的领域和范围，中国绿色债券在节能环保产业支持高效节能装备的制造、节能改造、用电设施节能、绿色建筑材料、先进环保装备制造、水污染治理、大气污染治理、土壤污染治理及其他污染治理、农业农村环境综合治理、非常规水资源利用、资源循环利用装备制造、固体废弃矿物综合利用、生物质资源综合利用以及新能源汽车和绿色船舶的制造。在清洁生产产业支持生产过程大气污染治理、生产过程水污染治理、工业园区污染治理、无毒无害原料替代使用与危险废物治理、农业农村环境综合治理、固体废弃物综合治理、工业园区资源综合利用、工业节水，在清洁能源产业支持电力设施节能、新能源与清洁能源装备制造、可再生能源设施建设和运营、清洁能源高效运行，在生态环境产业支持农业资源保护、农业农村环境综合治理、绿色农产品供给、自然生态保护和修复以及生态产品供给，在基础设施绿色升级上支持城镇能源基础设施、建筑节能与绿色建筑、城镇环境基础设施、水资源节约、海绵城市、城乡公共客运和货运、铁路交通、水路和航空运输、清洁能源汽车配套设施以及城市生态保护与建设，最后在绿色服务领域支持绿色咨询服务、绿色运营管理服务、环境权益交易服务、项目评估审计核查服务、监测检测服务和技术产品认证和推广服务。[①]

[①]《绿色"一带一路"典型项目案例库建设与应用研究》，国家发展和改革委员会一带一路建设促进中心，2021年7月。

"一带一路"倡议中绿色低碳理念的发展增强了经济的可持续性，通过建立一系列绿色发展体系，为经济合作与进一步发展创造了有效机制，中国与"一带一路"共建国家以及第三方市场的合作形成了更多的制度保障，这对于后疫情时代经济的复苏起到了重要的促进作用，也对联合国 2030 年可持续发展目标中经济可持续目标的实现以及其他目标的达成奠定了基础。

表 4-1 "一带一路"绿色低碳经济发展的政策和机制

	时间	发布方	名称	涉及内容
国内	2013-02	商务部、环境保护部	《对外投资合作环境保护指南》	规范对外投资中的环境保护行为，引导企业的环境保护责任，推动对外投资合作的可持续性
	2015-03	国家发展和改革委员会、外交部、商务部	《推进共建丝绸之路经济带和21世纪海上丝绸之路的愿景与行动》	在投资贸易中突出生态文明理念，加强生态、生物多样性和应对气候变化的合作，共建绿色丝绸之路
	2017-05	环境保护部、外交部、国家发展和改革委员会、商务部	《关于推进绿色"一带一路"建设的指导意见》	推动"五通"的绿色化进程，深化环保合作，践行绿色发展理念
	2017-05	环境保护部	《"一带一路"生态环境保护合作规划》	加强生态环保政策沟通、促进国际产能合作与基础设施建设的绿色化、发展绿色贸易、推动绿色资金融通等
	2021-03	中华人民共和国中央人民政府	《中华人民共和国国民经济和社会发展第十四个五年规划和2035年远景目标纲要》	提升生态系统质量和稳定性，持续改善环境质量，加快发展方式绿色转型

续表

时间	发布方	名称	涉及内容
国际 2017-05	生态环境部与中外合作伙伴共同发起成立	"一带一路"绿色发展国际联盟	促进"一带一路"绿色发展合作共识,助力"一带一路"倡议的可持续发展
2018-11	中国金融学绿色金融专业委员会与伦敦金融城牵头起草	《"一带一路"绿色投资原则》	在议题中强化低碳、绿色与可持续
2021-06	中国与阿富汗、孟加拉国、文莱等国家共同发起	"一带一路"绿色发展伙伴关系倡议	促进低碳、有韧性和包容性的发展,促进绿色"一带一路"的深化

资料来源:笔者自制。

2. 政治上的韧性

"一带一路"倡议中的共商共建共享原则为中国与更多国家建立良好的经贸关系提供了更多路径和可能性,从政治上看"一带一路"的理念和倡议促进了国际社会行为体在政治关系上的韧性发展。后文将从中美、中国与东盟、中国与欧盟、中俄、中非等关系进一步阐释政治上的韧性。

中美关系。在"一带一路"倡议不断推进的过程中,美国的态度经过了复杂的变化,拜登政府及其盟友提出的"蓝点网络"计划以及B3W计划就是美国企图抗衡"一带一路"倡议并取代它的尝试。其实中美在基础设施建设领域上的竞争本质是美国要挤压中国国际话语权,也是美国为维护其全球霸权的表现。美国对"一带一路"倡议存在战略上的焦虑,美国政府过于强调中美之间竞争的一面,认为"一带一路"倡议挑战甚至改变了美国主导的国际政治经济秩序；主张"一带一路"倡议存在较大的政治风险和安全风险；对中国的绿色发展倡议以及环境标准质疑等。① 但"一带一路"倡议强大的包容性和开放性使其有可能成为世界最大的区域合作平台和新型经济全球化的动力，中美在基础设施建设领域、制造业领域、科技创新领域、人文领域以及全球治理领域存在广阔的合作空间，中美新型大国关系也在竞争与合作中不断发展。美国加快了印太安全网络体系的构建，跨大西洋和跨太平洋的美国盟友及伙伴国都相继进入印太地区，中国在提升自身竞争力的同时要加强双方的沟通对话，坚定推进联合国2030年可持续发展议程，在发展中寻找解决问题的突破口。

中国与东盟关系。"一带一路"倡议推进了中国与东盟国家间的认同，强化了中国与东盟国家的经济和文化联系，中国与东盟的关系实现了跨越式发展，1991年中国与东盟开启对话进程后建立了全面伙伴关系（1996年）、睦邻互信伙伴关系（1997年）、战略伙伴关系（2003年），2021年双方建立了全面战略伙伴关系。在圆满完成第三份《落实中国—东盟面向和平与繁荣的战略伙伴关系联合宣言的行动计划（2016—2020）》之后，中国与东盟制订了第四份战略伙伴关系行动计划（2021—2025），这为中国与东盟关系的深入和推进起到了重要的促进作用。双方在政治上的韧性发展推进了其在安全、地区事务、经贸、卫生、科技、环保、防灾减灾、减贫扶贫以及交通、海关等领域的合作。② 双方开拓了次区域合作机制，包括澜沧江—湄公河合作、大湄公河次区域经济合作、中国—东盟东部增长区

---

① 中国国际经济交流中心"一带一路"课题组：《"一带一路"：合作与互鉴》，中国经济出版社2019年版，第65—69页。

② 《中国—东盟合作事实与数据：1991—2021》，中华人民共和国外交部，2021年12月31日，https：//www.fmprc.gov.cn/web/wjbxw_673019/202201/t20220105_10479078.shtml。

合作等，中国—东盟自由贸易区在"一带一路"倡议的推动下进行3.0版建设，进一步提升投资贸易的数字化、自由化和绿色化，中国—东盟博览会以及中国—东盟商务与投资峰会也促成了一批重点项目的落地。东盟不仅是中国周边外交的优先方向，也是高质量共建"一带一路"的重点区域，在构建更加紧密的中国—东盟命运共同体中，双方的政治关系将更具韧性。

中国与欧盟伙伴关系。中国与欧盟的关系在"一带一路"倡议下也经历了复杂发展，2013年中欧双方共同制定了《中欧合作2020战略规划》，2014年双方提出打造和平、增长、改革、文明四大伙伴关系，中国政府发表了第二份对欧盟政策文件，2018年第三份对欧盟政策文件发布，双方在政治、经贸、文化、环境等领域建立了70多个合作与对话机制。虽然2020年年底《中欧全民投资协定》谈判完成，但后来中欧关系走下坡路，2021年5月欧盟议会冻结了协定的批准程序。欧盟自身基于其对全球规则制定权的追求提出了"全球门户"计划，并且在美国建立多个多边机制对抗中国的背景下，中欧关系也更为紧张，欧盟成员国之间及成员国内部的"割裂"使得欧盟对中国的态度上也存在差异显著的特点，尤其在涉疆、涉藏与涉台问题上，欧盟及其内部对中国有明显不同的认识。① 中欧经济上的紧密合作为双方政治关系的良性发展起到了促进作用，尤其是中欧班列在2021年11月已经开行1246列，运送了12万标箱，连续19个月单月开行千列以上，成为"一带一路"经济合作项目的典范。② 在中欧关系中，美国是一个重要的影响因素，但中欧关系的发展仍有一定的空间。积极拓展合作空间，强化后疫情时

---

① 《六个关键词盘点2021年中欧关系》，复旦发展研究院，2021年12月31日，https：//fddi.fudan.edu.cn/8e/b9/c21257a429753/page.htm。

② 《中欧班列连续19个月单月开行超千列》，中国政府网，2021年12月17日，http：//www.gov.cn/xinwen/2021-12/17/content_5661467.htm。

代经济重建中的合作以及在气候环保等领域的沟通将是中欧进一步的合作方向。

中俄关系。中国与俄罗斯互为最主要、最重要的战略协作伙伴，2011年双方建立了全面战略协作伙伴关系，2019年中俄关系提升为中俄新时代全面战略协作伙伴关系，两国形成了元首年度互访的惯例，此外在不同级别层面也建立了合作与交往机制。2021年续签《中俄睦邻友好合作条约》，中俄关系不断迸发出新的活力。中俄之间是一种特殊的非同盟关系，不针对任何"第三国"，没有"假想敌"，中俄关系与"一带一路"倡议互为支撑，前者为后者提供了战略支撑，后者为前者奠定了战略基石。中俄双边经贸持续稳定发展、能源合作也在不断实现新突破、农业贸易发展迅速，基础设施建设及大型研发项目扩大合作。① 在"一带一路"倡议的促进下，2021年中俄双边贸易额首次突破了1400亿美元，增长超过35%，中国连续12年成为俄罗斯第一大贸易伙伴国。2022年2月中俄发表了《中俄关于新时代国际关系和全球可持续发展的联合声明》，阐述了发展观、安全观、民主观和秩序观，这为中俄关系的进一步健康发展注入了动力。②

中国与非洲的关系。非洲是"一带一路"建设的重要参与者也是中国经济发展的重要合作伙伴，同时也是古丝绸之路的途经地和目的地，长期以来双方实现了真正的无战争、无边界领土问题、无历史纠葛的关系。③ 在人类命运共同体方面中非有

---

① 中国国际经济交流中心"一带一路"课题组：《"一带一路"：合作与互鉴》，中国经济出版社2019年版，第90—100页。

② 《外交部副部长乐玉成：中俄关系上不封顶，不断攀登新高》，中华人民共和国外交部，2022年2月5日，https://www.fmprc.gov.cn/web/wjbxw_new/202202/t20220205_10639185.shtml。

③ 中国国际经济交流中心"一带一路"课题组：《"一带一路"：合作与互鉴》，中国经济出版社2019年版，第252页。

着特殊的关系,中国作为世界上最大的发展中国家,而非洲是发展中国家最为集中的大陆,双方在历史经历、历史使命上都有相似之处,加强同非洲国家团结合作是中国外交政策的重要基石。中国在与非洲的关系中坚持"真、实、亲、诚"和正确的义利观,与非洲国家相互尊重共同发展,2018年在中非合作论坛上双方共同打造责任共担、合作共赢、幸福共享、文化共兴、安全共筑、和谐共生的中非命运共同体。到目前为止,中非共缔结了160对友好省市,其中"一带一路"倡议实施以来新增了48对,中非的经贸合作进程也在不断加速,深度和广度都在不断拓展,在2013—2018年的中国对外援助中,对非援助占比44.65%,新冠肺炎疫情暴发后,中国宣布免除非洲15个国家2020年年底到期的无息贷款。① 中国正协助非盟推进《2063年议程》,在"一带一路"框架下,中非之间也将建立更加紧密的命运共同体。

3. 社会领域的弹性

"一带一路"倡议为社会的可持续发展提供了坚实的基础和充足空间,保障社会发展的弹性和强大恢复力,尤其是在基础设施联通上,"硬联通"加速推进,规则标准方面的"软联通"也取得了显著成效,科技创新和数字技术的发展也促进了文化上交流的便利化,为相关国家社会的稳定与人民生活水平的提高做出了重要贡献。在"一带一路"框架下,六大经济走廊的项目积极发展,新亚欧大陆桥的中线可辐射30多个国家和地区,将亚洲和欧洲的多国多地紧密联系在一起。

中国的教育援助项目强调奖学金、技术援助和职业培训的

---

① 《新时代的中非合作》白皮书,中华人民共和国国务院新闻办公室,2021年11月,http://www.scio.gov.cn/zfbps/32832/Document/1696685/1696685.htm。

重要性，增加来华留学政府奖学金名额、创新职业技术教育培训模式，逐渐成为"一带一路"共建国家的首要留学地。世界经济论坛2021年报告发布了"一带一路"沿线城市的互联互通指数，报告从互联互通（政策沟通、设施联通、贸易畅通、资金融通、民心相同和信息互联）的维度选取了共建"一带一路"国家中的22座城市，范围跨越亚非欧地区，既涵盖了沿海城市也包括内陆城市，对城市间195对国际双向联系进行评估，发现亚洲的一体化水平和互联互通水平都较高，不同区域城市禀赋差异显著，在互联互通指数较高的城市其城市通路的排序也较为靠前，空间上的邻近性促进了城市通路的发展，沿海城市在贸易、交通和文化上的韧性较强，具有天然的地理优势，沿线城市的互联互通从"一带一路"项目中受益显著。[1] 此外，信息联通的水平也在不断提高，中国移动参与了2Africa海缆项目的建设，腾讯、阿里巴巴等海外云计算中心也相继投入到运转过程中，为共建"一带一路"国家提供全球范围内的云端服务，并帮助其实现智能化和数字化的转型。"一带一路"积极为共建国家创造劳动就业，分布在8个非洲国家的1000多家中国企业为非洲创造了至少30万个就业机会，2021年鲁班工坊继续为当地人民提供技术培训和职业教育，并在专门的职业技术学校间进行国际化合作，共同开展职业培训，这为人民的能力建设提供了持续动力，也体现了可持续性发展的真正内涵。[2]

中国还注重在外太空领域和科技领域丝绸之路的建设，提出了"太空丝绸之路"和"空间信息走廊"的概念，在全球范围内建立数据中心和平台，打造一体化的空间—地面数据网络服务平台，此外还创立了航天创新联盟与14个国家的50多家

---

[1] 《"一带一路"城市互联互通指数》，世界经济论坛，2021年11月，第7—20页。

[2] 《高质量共建"一带一路"成绩斐然——2021年共建"一带一路"进展综述》，《人民日报》2022年1月25日。

大学和研究机构进行合作，尤其是"太空丝绸之路"的建设不仅强化了发展中国家参与国际合作的能力，也使更多国家共享发展机遇和成果。[①] "一带一路"倡议尤其重视文化交流和教育合作，努力创造不同文明之间进行交流互鉴的平台和机会。古丝绸之路的基因中就格外注重人民之间交流、理解和信任的培养，新时代中国在"一带一路"沿线国家创办文化中心和孔子学院，一方面传播中国文化，另一方面也不断培养更多了解中国文化的别国人才，还与25个国家签署学历学位互认协议，通过"丝路之旅"、鲁班工坊等诸多文化交流品牌，提供交流互鉴的平台，建设丝路博物馆、举办艺术节、成立美术馆联盟等，在软实力方面促进民众间的认同。社会领域的弹性发展和交流促进了不同文明、不同文化之间的交流，而交流有利于人们之间的相互理解和信任。增强不同社会发展之间的弹性和韧性，不仅有利于社会的长足发展，也为可持续发展目标的实现注入了更多活力和动力。

不管是经济上的可持续性、政治上的韧性还是社会领域的弹性，都是在"一带一路"框架下取得的突出成就，在功能外溢的作用下，环保、科技、生物等方面的可持续性也在上述领域中有所增强。在联合国2030年可持续发展目标的实现过程中，中国已经通过减贫、减少不平等、促进经济发展、构建健康与可持续的社会、为气候和环境助力，增强投资与援助的规模和力度，高质量共建"一带一路"将进一步以绿色、低碳、可持续的发展推动"行动主义超级年"的进程。

"一带一路"建设是当今世界非常重要的合作倡议，中国有意愿也有能力通过物流将世界联系起来，与中国古代的丝绸之

[①] Faisal Ahmed, Alexandre Lambert, *The Belt and Road Initiative: Geopolitical and Geoeconomic Aspects*, London: Routledge India, 2021, pp. 163–188.

路一样,"一带一路"连接了亚欧非大陆,其框架下的发展项目促进了共建国家的工业化和现代化。"一带一路"的设计目的超越了零和竞争思维,同时还深刻改变了地缘经济参数的潜力,不仅中国本土的经济持续性发展、城市化引起了世界范围内的关注,共建国家取得的成就也尤其显著,"一带一路"倡议一方面推动了大规模基础设施的建设,另一方面通过对研发、教育、科技、卫生等投资促进了相关领域的进步,"为国际社会中最有效的发展概念提供了动力"。

习近平主席从2013年提出"一带一路"倡议,到2021年提出"全球发展倡议",不仅顺应了和平与发展的时代需求,也突出了中国把加快落实联合国2030年可持续发展议程放在更加重要的地位。"全球发展倡议"与"一带一路"倡议相辅相成,全球发展倡议以发展优先、以人民为核心、普惠包容、创新驱动、人与自然和谐共生、行动导向六大坚持,在减贫、粮食安全、抗疫和疫苗、发展筹资、气候变化与绿色发展、工业化、数字经济、互联互通八大领域构建全球发展命运共同体。中国不仅是全球发展倡议的提出者,也将是推进落实这一重大倡议的行动派,还将积极落实未来三年再提供30亿美元国际援助,切实支持发展中国家应对新冠肺炎疫情和恢复经济社会发展,同各方携手共建全球发展共同体。①

---

① 《王毅:中国不仅是全球发展倡议的提出者,也将是推进落实的行动派》,中华人民共和国外交部,2021年12月30日,https://www.mfa.gov.cn/wjbzhd/202112/t20211230_ 10477283.shtml。

五 结论

本书以发展经济学为理论分析视角,结合国际政治相关理论,通过对既有研究成果的评析和阐释发展经济学的逻辑机理,结合当前国际局势、"一带一路"倡议的理念与实践、联合国2030年可持续发展目标,验证得出"一带一路"倡议与2030年可持续发展目标完全吻合,体现的是一种新发展观与新合作观。联合国2030年可持续发展目标呼吁各国采取有力举措,中国以"一带一路"倡议贡献了中国方案和中国智慧,并在减贫、减少不平等、经济发展、构建包容与可持续的社会、应对气候与环境问题、投资与援助等方面做出了突出贡献。一定程度上来说,"一带一路"倡议不仅有力促进了联合国2030年可持续发展目标的实现,还进一步深化了目标的意义,更为其他国家的"行动十年"计划和"行动主义超级年"起到了典范作用。

(一) 发展经济学视角下的理论总结

一般意义上的发展经济学兴起于第二次世界大战之后,它以更全球化的研究视角、更深刻的结构模式凸显了其解释上的优越性。就发展问题上,发展经济学不仅关注资源的优化配置,更关注发展中国家的经济与社会机制。通过分析不同学者对发展经济学理论的评析可知,发展经济学大体经历了新古典主义、结构主义、新自由主义和激进主义的演变历程。新古典主义重视市场的作用，但是当市场失灵而导致一系列问题出现之时，结构主义将国家的重要性提了出来，认为国家的宏观调控不可或缺。在一些国家尤其是一部分发展中国家，权力寻租与政府腐败影响了制度的优化和经济发展，于是新自由主义提出应弱化政府作用，激进主义则以一种解构主义的视角重新认知了造成当今国家之间发展差异的原因，依附论由此而生。考察发展经济学的理论演进为本书构建新的分析模型奠定了坚实基础，通过结合发展经济学的逻辑要素、国际政治相关理论、"一带一路"倡议的理念与内容、联合国2030年可持续发展目标，以及当前百年未有之大变局的国际局势，本书提炼出了贫困与不平等、经济发展、健康与可持续的社会、气候与环境、投资与援助这五大关键变量，并进而建构了发展经济学的分析框架。发展经济学的视角不仅综合当前的发展动态，还以一种演变的过程追踪模式研究对象的演变历程，同时也兼顾了当前国际政治格局的变化和权力竞争的态势变动，这对于从历史和现实的角度考量"一带一路"倡议以及联合国2030年可持续发展目标都有更为重要的作用。虽然"一带一路"倡议的落实与联合国2030年可持续发展目标的达成面临着全球公共卫生危机、大国地缘政治严峻态势的挑战，但是基于日臻成熟的制度和机制，不管是中国还是其他国家都可以在危机中探寻转机，为达成可持续发展目标提供更多保障。

（二）"一带一路"倡议与联合国2030年可持续发展目标的完美契合

通过有效数据和真实案例，本书发现"一带一路"倡议与联合国2030年可持续发展目标实现了完美契合。在贫困与不平等方面，中国提前10年完成了可持续发展目标中的"无贫困""零饥饿"，历史性地解决了绝对贫困问题。与此同时，中国促进了社会各领域的平等，尤其在性别平等上取得了重大进步，中国以"一带一路"倡议为契机,在积极参与国际减贫与减少不平等的合作中取得了突出成效。在经济发展方面,中国秉持共商共建共享的原则,以政策沟通、设施联通、贸易畅通、资金融通、民心相通搭建了多重合作平台,促进了全球的合作共赢,进一步完善了国际治理体系,与此同时倡导数字、绿色与健康的发展理念,为可持续的经济发展开拓了空间。在社会方面,"一带一路"倡议框架下,中国不仅积极参与到联合国的科教文卫等领域,还开展了形式多样和内容丰富的合作项目,促进了社会的健康与可持续发展。在气候与环境方面,中国为应对气候变化的全球合作做出了不懈努力,从碳达峰碳中和等方面给自己设定了严格的发展目标,并加快推进清洁能源与低碳经济的发展,中国以生态文明建设为引领,重视生物多样性的保护,有力推动了全球气候行动的步伐。

在投资与援助方面,中国在"一带一路"框架下不仅扩大对发展中国家的投资力度与规模,还积极响应全球人道主义应对计划,与世界多国和国际组织建立了良好的伙伴关系,以切实行动践行着人类命运共同体的理念。中国是融入全球贸易体系推动世界发展的典范,自中国加入世界贸易组织后,实质性地对外开放了商品和服务市场,制成品的平均关税税率下降了一半,目前7.4%的进口关税总水平低于中国入世时的承诺,并且在服务贸易方面,中国开放的行业数量比入世承诺时多了20个。①"一带一路"倡议的提出和实践促进了中国融入世界贸易体系的深度,为构建互利互惠的经贸关系和世界数百万人摆脱贫困做出了突出贡献。

---

① 《中国是融入全球贸易推动发展的典范》,中国一带一路网,2021年12月15日,http://ydyl.china.com.cn/2021-12/15/content_77931288.htm。

（三）对未来一段时期的展望

"一带一路"倡议是完全契合联合国2030年可持续发展目标的中国方案和中国智慧。在未来一段时间内，新冠肺炎疫情还将会在一定程度上影响国际社会的发展，大国地缘政治态势也存在众多难以预测的因素。在新发展格局下，我们将继续高举开放合作大旗，坚持多边主义和共商共建共享原则，推动高质量共建"一带一路"，把"一带一路"打造成合作之路、健康之路、复苏之路、增长之路，加强绿色发展合作，为推动世界共同发展、构建人类命运共同体贡献力量。[1] 中国将继续为世界和平与全球发展贡献方案和力量，坚定和平发展道路的同时，使"一带一路"倡议与联合国2030年可持续发展议程进行有效的对接，探寻健康、绿色、数字、创新的丝绸之路模式，维护国际秩序的良好运行，提供全球公共产品，真正实现发展中国家对安全与健康的可及性与可负担性。[2] 如在"一带一路"绿色发展的倡导下，生态环境部促成"全过程评估框架"覆盖项目的开发、评估和监督等过程以协助参与主体采纳和落实相关政策建议，这不仅有利于"绿色丝绸之路"的建设，也进一步促进了能源的可持续性利用，对联合国2030年可持续发展目标的实现提供了重要指导。

虽然中国与一些国际大国存在竞争，但中国推动构建人类命运共同体的目标不变，始终坚守互利共赢的开放战略，打破零和博弈的桎梏，倡导多边主义合作框架，力求全面落实联合

---

[1] 习近平：《习近平在亚太经合组织第二十七次领导人非正式会议上的讲话》，人民出版社2020年版，第9—10页。

[2]《中国联合国合作立场文件》，中华人民共和国外交部，2021年10月22日，https：//www.fmprc.gov.cn/web/ziliao_674904/tytj_674911/zcwj_674915/t1916136.shtml。

国2030年可持续发展议程，在相互尊重与平等互利的基础上，积极发展与世界各国的友好合作关系，推动新型国际关系的构建。联合国也在以2030年可持续发展目标的实现敦促全球团结与合作，许多国家在传统安全与非传统安全领域都存在合作的空间，基于此，联合国2030年可持续发展目标将为国家间合作创造更多可能性，伙伴外交模式将会成为国际社会的主要交往模式，"一带一路"倡议在构建人类命运共同体的征程中将会贡献更多的中国智慧。

参考文献

中文文献

习近平:《开辟合作新起点 谋求发展新动力——在"一带一路"国际合作高峰论坛圆桌峰会上的开幕辞》,载《"一带一路"国际合作高峰论坛重要文辑》,人民出版社2017年版。

习近平:《在庆祝中国共产党成立100周年大会上的讲话》,人民出版社2021年版。

习近平:《携手推进"一带一路"建设——在"一带一路"国际合作高峰论坛开幕式上的演讲》,人民出版社2017年版。

习近平:《论把握新发展阶段、贯彻新发展理念、构建新发展格局》,中央文献出版社2021年版。

习近平:《齐心开创共建"一带一路"美好未来——在第二届"一带一路"国际合作高峰论坛开幕式上的主旨演讲》,人民出版社2019年版。

习近平:《坚定信心 勇毅前行 共创后疫情时代美好世界——在2022年世界经济论坛视频会议的演讲》,中华人民共和国外交部,2022年1月17日。

习近平:《在全国脱贫攻坚总结表彰大会上的讲话》,人民出版社2021年版。

习近平:《坚定信心 共克时艰 共建更加美好的世界——在第七十六届联合国大会一般性辩论上的讲话》,人民出版社2021年版。

习近平：《让多边主义的火炬照亮人类前行之路——在世界经济论坛"达沃斯议程"对话会上的特别致辞》，人民出版社2021年版。

习近平：《构建新发展格局，实现互利共赢——在亚太经合组织工商领导人对话会上的主旨演讲》，中国政府网，2020年11月19日。

习近平：《在亚太经合组织第二十七次领导人非正式会议上的讲话》，人民出版社2020年版。

习近平：《让开放的春风温暖世界——在第四届中国国际进口博览会开幕式上的主旨演讲》，人民出版社2021年版。

习近平：《坚持节约资源和保护环境基本国策 努力走向社会主义生态文明新时代》，《人民日报》2013年5月25日。

习近平：《在省部级主要领导干部学习贯彻党的十八届五中全会精神专题研讨班上的讲话》，《人民日报》2016年5月10日。

习近平：《在全国脱贫攻坚总结表彰大会上的讲话》，中国政府网，2021年2月25日。

白泉旺：《中国"一带一路"倡议与世界经济联动增长特征的耦合研究》，《2030可持续发展目标与一带一路建设——中国新兴经济体研究会2017年会暨2017新兴经济体论坛（国际学术会议）论文集》，2017年。

曹嘉涵：《"一带一路"倡议与2030年可持续发展议程的对接》，《国际展望》2016年第3期。

曹翔、李慎婷：《"一带一路"倡议对沿线国家经济中增长的影响及中国作用》，《世界经济研究》2021年第10期。

车维汉主编：《发展经济学》，清华大学出版社2019年版。

楚树龙、耿秦：《世界、美国和中国——新世纪国际关系和国际战略理论探索》，清华大学出版社2003年版。

董亮：《联合国可持续发展议程与"一带一路"倡议下的中国—

东盟环境合作》,《中国—东盟研究》2018年第2期。

《高质量共建"一带一路"成绩斐然——2021年共建"一带一路"进展综述》,《人民日报》,2022年1月25日。

龚婷:《美国对"一带一路"的舆论新攻势及应对建议》,《对外传播》2022年第1期。

龚婷:《美国发起"重建更美好世界计划":背景、概况及前景》,《和平与发展》2021年第6期。

姬超:《"一带一路"建设的中国要素分解及其外部性检验》,《国际贸易问题》2019年第9期。

姜少敏:《"一带一路"倡议——发展经济学新发展观的伟大实践》,《教学与研究》2018年第2期。

金玲:《"一带一路":中国的马歇尔计划?》,《国际问题研究》2015年第1期。

荆兴梅:《卡森·麦卡勒斯作品的政治意识形态研究》,中国社会科学出版社2015年版。

李敦球、谵贝贝:《新形势下以城市为主体参与"一带一路"的机遇与意义——以韩国城市为例》,《东北亚经济研究》2021年第5期。

李绍荣:《对"一带一路"发展战略的经济学分析》,《人民论坛·学术前沿》2016年第3期。

林毅夫:《新结构经济学的理论基础和发展方向》,《经济评论》2017年第3期。

时殷弘:《国际政治——理论探究、历史概观、战略思考》,当代世界出版社2002年版。

孙吉胜:《"一带一路"与国际合作理论创新:文化、理念与实践》,《国际问题研究》2020年第3期。

谭崇台:《发展经济学概论》(第二版),武汉大学出版社2008年版。

王晨光:《中国的伙伴关系外交与"一带一路"建设》,《当代世界》2020 年第 1 期。

王灵桂、杨美姣：《发展经济学视阈下的"一带一路"与可持续发展》，《中国工业经济》2022 年第 1 期。

《〈新时代的中非合作〉白皮书》，中华人民共和国国务院新闻办公室，2021 年 11 月。

《〈新时代的中国国际发展合作〉白皮书》，中华人民共和国国务院新闻办公室，2021 年 1 月。

许娟、王玉主：《非对称软制衡：理论构建及对中国崛起的影响》，《当代亚太》2021 年第 2 期。

杨春学：《欧美经济思想史的意识形态谱系——基于自由主义类型的分析》，《经济思想史学刊》2021 年第 3 期。

杨洁勉：《当前国际形势的特点和展望》，《国际展望》2019 年第 1 期。

杨思灵、高会平：《"债务陷阱论"：印度的权力政治逻辑及其影响》，《南亚研究》2019 年第 1 期。

《"一带一路"城市互联互通指数》，世界经济论坛，2021 年 11 月。

游启明：《美国对"一带一路"倡议的评估解读：霸权认同理论的视角》，《国际观察》2019 年第 3 期。

禹钟华、祁洞之：《共同体模式与霸权模式："一带一路计划"与"马歇尔计划"的本质区别——兼论基于中国文化理念的国际金融体系构建纲领与原则》，《国际金融》2016 年第 10 期。

张贵洪：《中国、联合国合作与"一带一路"的多边推进》，《复旦学报》（社会科学版）2020 年第 5 期。

张红丽：《中国对"一带一路"沿线国家投资与碳排放关系的研究》，《中国矿业》2021 年第 10 期。

张培刚：《发展经济学往何处去——建立新型发展经济学刍议》，《经济研究》1989 年第 6 期。

赵欢：《"一带一路"战略的政治经济学解析——新时代中国特色社会主义经济理论的创新与发展》《辽宁经济》2019年第1期。

《〈中共中央关于党的百年奋斗重大成就和历史经验的决议〉辅导读本》，人民出版社2021年版。

中国国际经济交流中心"一带一路"课题组：《"一带一路"：合作与互鉴》，中国经济出版社2019年版。

《中国市场经济的崛起：成就与挑战》，经济合作与发展组织（OECD），向中国发展高层论坛供稿，2011年3月20—21日。

《中国应对气候变化的政策与行动》白皮书，中华人民共和国国务院新闻办公室，2021年10月。

朱磊、陈迎：《"一带一路"倡议对接2030年可持续发展议程——内涵、目标与路径》，《世界经济与政治》2019年第4期。

[加拿大] 诺林·里普斯曼等：《新古典现实主义国际政治理论》，刘丰、张晨译，上海人民出版社2017年版。

[美] 布鲁斯·麦斯基塔：《国内政治与国际关系》，王义桅译，《世界经济与政治》2001年第8期。

[美] 查尔斯·金德尔伯格、[美] 布鲁斯·赫里克：《经济发展》，上海译文出版社1977年版。

[美] 汉斯·摩根索，《国家间政治：权力斗争与和平》，郝望等译，北京大学出版社2006年版。

[美] 迈克尔 P. 托达罗、[美] 斯蒂芬 C. 史密斯：《发展经济学》，聂巧平、程晶蓉、汪小雯译，机械工业出版社2014年版。

[美] 芮乐伟·韩森：《丝绸之路新史》，张湛译，北京联合出版公司2015年版。

[美] 小罗伯特·B. 埃克伦德、[美] 罗伯特·F. 赫伯特：《经济理论和方法史》，杨玉生等译，中国人民大学出版社2017

年版。

[英]大卫·麦克里兰:《意识形态》,孔兆政、蒋龙祥译,吉林人民出版社2005年版。

[英]亚当·斯密:《道德情操论》,蒋自强等译,商务印书馆2013年版。

英文文献

Adomo, Frenkel B, *The Auttoritarian Personalities*, New York: Harper, 1950.

Alexander Wendt, *Social Theory of International Politics*, Cambridge: Cambridge University Press, 1999.

Alfred Thayer Mahan, *The Influence of Sea Power Upon History 1660—1873*, MA: Marston & Co., 1890.

Alod Leopold, *A Sand County Almanan*, Oxford: Oxford University Press, 1946.

Amartya Sen, *Development as Freedom*, New York: Knopf, 1999.

Antonina Habova, "Silk Road Economic Belt: China's Marshal Plan, Pivot to Eurasia or China's Way of Foreign Policy", *KSI Transactions on Knowledge Society*, Vol. 8, No. 1, 2015.

Bertil Lintner, *The Costliest Pearl: China's Struggle for India's Ocean*, Oxford: Oxford University Press, 2019.

Brantly Womack, *Asymmetry and International Relationships*, Cambridge University Press, 2015.

Changyuan Luo, Qingyuan Chaiand Huiyao Chen, "'Going Global' and FDI Inflows in China: 'One Belt & One Road' Initiative as a Quasi-natural Experiment", *The World Economy*, Vol. 42, No. 6, 2019.

Chan, Steve, *Looking for Balance: China, the United States and Power Balancing in East Asia*, Palo Alto: Stanford University Press,

2012.

Charles Lipson, "International Cooperation in Economic and Security Affairs", *World Politics*, Vol. 37, No. 1, 1984.

Christensen, Thomas J. "Posing Problems without Catching Up: China's Rise and Challenge for US. Security Peace", *International Security*, Vol. 25, No. 4, 2001.

Chung Chien-peng, "Creeping Assertiveness: China, the Philippines and the South China Sea Dispute", *Contemporary Southeast Asia*, Vol. 21, No. 1, 1999.

Chung Chien-peng, "Southeast Asia-China Relations: Dialectics of 'Hedging' and 'Counter-Hedging'", *Southeast Asian Affairs*, ISEAS-Yusof Ishak Institute, 2004.

Ciorciari, John D, *The Limits of Alignment*. Washington: Georgetown University Press, 2010.

Dennis Goulet, *The Cruel Choice: A New Concept in the Theory of Development*, New York: Atheneum, 1971.

Diane B. Kunz, "The Marshall Plan Reconsidered", *Foreign Affairs*, Vol. 76, No. 3, 1997.

Ernst B. Haas, *The Uniting of Europe*, Stanford: Stanford University Press, 1958.

Galia Lavi, Jingjie He and Oded Eran, "China and Israel: On the Same Belt and Road?" *Strategic Asesment*, Vol. 18, No. 3, 2015.

Gearoid O. Tuathail, *Critical Geopolitics*, São Paulo: University of Minnesota Press, 1996.

Halford J. Mackinder, "The Geographical Pivot of History", *The Geographical Journal*, Vol. 170, No. 4, 2004.

Hall, John A, "State and Societies: the Miracle in Comparative Perspective", in Jean Baechler (ed.), *Europe and the Rise of Capitalism*, Oxford: Basil Blackwell, 1988.

Jervis, Robert, *Perception and Misperception in International Politics*, Princeton: Princeton University Press, 1976.

Johnson, Chalmers, *MITI and the Japanese Miracle: The Growth of Industrial Policy, 1925 – 1975*, Palo Alto: Stanford University Press, 1982.

Joseph M. Grieco, "Realist International Theory and the Study of World Politics", in Machael W. Doyle and G. John Ikenberry, eds., *New Thinking in International Relations Theory*, Boulder, Colorado: Westview, 1997.

Justin Yifu Lin, *Economic Development and Transition: Thought Strategy and Viability*, Cambridge MA: Cambridge University Press, 2009.

Kenneth Waltz, *Theory of International Politics*, Boston: Addison-Wesley Publishing, 1979.

Lochnie Hsu, "ASEAN and the Belt and Road Initiative: Trust-building in Trade and Investment", *Unificazione & Certificazione*, Vol. 3, No. 1, 2020.

Lye Colleen, *America's Asia: Racial Form and American Literature, 1893 – 1945*, Princeton: Princeton University Press, 2004.

Morgenthau Hans, *Politics among Nations: The Struggle for Power and Peace*, New York: Alfred A. Knopf, 1989.

Nicholas Spykman, *The Geography of the Peace*, Brace & Co., 1944.

Norris Pippa, *Making Democratic Governance Work: How Regimes Shape Prosperity, Welfare, and Peace*, Cambridge: Cambridge University Press, 2012.

Nye Josephs, *Bound to Lead*, New York: Basic Books, 1990.

Nye Josephs, *The Paradox of American Power: Why the World's Only Superpower Can't Go it Alone*, New York: Oxford University Press, 2002.

Perter H. Sand, "The Evolution of International Environmental Law", D. Bodansky, J. Brunnée & E. Hey, eds., *The Oxford Handbook of International Environmental Law*, Oxford: Oxford University Press, 2007.

Powell Robert, "Absolute and Relative gains in International Relations Theory", David A. Baldwin ed., *Neoclassical and Neoliberaalism: the Contemporary Debate*, New York: Columbia University Press, 1993.

Randall L. Schweller, "Realism and the Present Great Power System: Growth and Positional Conflict Over Scarce Resources", in Kapstein and Mastanduno, eds, *Unipolar Politics: Realism and State Strategies After the Cold War*, Columbia University Press, 1999.

Robert Keohane, *After Hegenony: Cooperation and Discord in the World Political Economy*, Princeton: Princeton University Press, 2005.

Robert Keohane, Nye, Joseph, *Power and Interdependence*, Upper Saddle River: Pearson Longman Classic, 2001.

Shambaugh David, *China goes Global: The Partial Power*, Oxford: Oxford University Press, 2012.

Stanley Hofmann, "Obstinate or Obsolete? The Fate of the Nation-State and the Case of Western Europe", *Daedalus*, Vol. 95, No. 3, 1966.

Stuart-Fox, Martin, *Laos: Politics, Economics and Society*, London: Pinter Pub Ltd, 1986.

Theresa Falon, "The New Silk Road: Xi Jinping's Grand Strategy for Eurasia", *American Foreign Policy Interests*, Vol. 37, No. 3, 2015.

Thomas C. Schelling, *The Strategy of Conflict*, Oxford: Oxford University Press, 1963.

Waltz, Kenneth, *Theory of International Politics*. Boston: Addison-Wesley Publishing, 1979.

Weber, Max, *The Theory of Social and Economic Organization*, New York: The Free Press, 1947.

William Easterly, *The Elusive Quest for Growth: Economists Adventures and Misadventures in the Tropics*, Cambridge: MIT Press, 2001.

网络文献：

《2021可持续发展目标报告》，联合国，https://unstats.un.org/sdgs/report/2021/The-Sustainable-Development-Goals-Report-2021_Chinese.pdf。

《2021年粮食系统峰会》，联合国，https://www.un.org/sustainabledevelopment/zh/food-systems-summit-2021/。

《2021年中国对外投资超9300亿元》，中华人民共和国商务部，2022年1月21日，http://tradeinservices.mofcom.gov.cn/article/yanjiu/hangyezk/202201/129816.html。

《2030年前碳达峰行动方案》，中国政府网，2021年10月26日，http://www.gov.cn/zhengce/content/2021-10/26/content_5644984.htm。

《8年间，"一带一路"这样惠及世界》，中国一带一路网，2021年11月23日，http://ydyl.china.com.cn/2021-11/23/content_77887515.htm。

《八年来硕果累累，"一带一路"倡议为何受热捧？》，中华人民共和国"一带一路"网，2021年9月13日，http://ydyl.china.com.cn/2021-09/13/content_77749142.htm。

蔡彤娟：《欧盟"全球门户"计划不应忽视与中国的合作》，中国网，2021年12月25日，http://www.china.com.cn/opinion2020/2021-12/25/content_77951986.shtml。

陈积敏：《正确认识"一带一路"》，中国共产党新闻网，2018年

2月26日，http：//theory.people.com.cn/n1/2018/0226/c40531-29834263.html。

崔洪健：《欧盟"全球门户"战略未脱门户之见》，新华丝路，2021年11月22日，https：//www.imsilkroad.com/news/p/469278.html。

《大道致远，海纳百川：习近平主席提出"一带一路"倡议5周年记》，新华社，2018年8月26日。http：//www.xinhuanet.com/politics/2018-08/26/c_1123330829.htm。

《大数据开创贫困研究新维度：应用大数据测量中国贫困》，UNDP·中国，2016年10月24日，https：//www.cn.undp.org/content/china/zh/home/library/poverty/the-living-standards-dimension-of-the-human-development-index--m/。

《〈地球大数据支撑可持续发展目标报告（2021）〉发布》，《人民日报》，2021年9月28日，https：//wap.peopleapp.com/article/6319526/6211239。

"分享中国经验，促进重建得更好"，UNDP·中国，2018年4月25日，https：//www.cn.undp.org/content/china/zh/home/presscenter/pressreleases/2018/sharing-china_s-experience-to-build-back-better.html。

《国务院关于加快建立健全绿色低碳循环发展经济体系的指导意见》，中华人民共和国中央人民政府，2021年2月2日，http：//www.gov.cn/zhengce/content/2021-02/22/content_5588274.htm。

《互联网治理论坛推动所有人享有包容性数字未来》，联合国，2021年12月7日，https：//news.un.org/zh/story/2021/12/1095592。

黄仁伟：《美欧公布全球基建计划，"一带一路"面临何种机遇与挑战？》，复旦发展研究院，2021年12月6日，https：//fddi.fudan.edu.cn/74/7d/c21257a423037/page.htm。

《惠及农民工及其家人的包容性发展的政府能力建设》，UNDP·中国，https：//www.cn.undp.org/content/china/zh/home/operations/projects/poverty_reduction/capacity-building-in-promoting-social-inclusion-for-migrant-work.html。

《将碳达峰碳中和纳入经济社会发展和生态文明建设整体布局》，中华人民共和国国家发展和改革委员会，2021年10月29日，https：//www.ndrc.gov.cn/xxgk/jd/jd/202110/t20211029_1302188.html?code=&state=123。

《可持续发展问题世界首脑会议的报告》，南非约翰内斯堡，2002年8月26日至9月4日，https：//undocs.org/pdf?symbol=zh/A/CONF.199/20。

《联合国常务副秘书长：现在比以往任何时候都更需要为可持续发展融资》，联合国，2021年11月29日，https：//news.un.org/zh/story/2021/11/1095182。

《联合国大会通过可持续发展高级别政治论坛政治宣言》，联合国，2019年9月9日，https：//undocs.org/zh/A/HLPF/2019/l.1。

《联合国秘书长古特雷斯：我们正与可持续发展目标渐行渐远》，联合国，2021年7月13日，https：//news.un.org/zh/story/2021/07/1087892。

《联合国〈生物多样性公约〉缔约方大会第十五次会议（COP15）第一阶段会议新闻发布会》，中华人民共和国生态环境部，2021年10月20日，https：//www.mee.gov.cn/ywdt/zbft/202110/t20211020_957274.shtml。

刘津瑞：《"蓝点网络"计划：美版"一带一路"？》，中美印象，2021年7月4日，http：//www.uscnpm.com/model_item.html?action=view&table=article&id=25363。

《六个关键词盘点2021年中欧关系》，复旦发展研究院，2021年12月31日，https：//fddi.fudan.edu.cn/8e/b9/c21257a429753/page.htm。

《绿色是共建"一带一路"的亮丽底色》，中华人民共和国国家发展和改革委员会，2021年12月16日，https：//www.ndrc.gov.cn/wsdwhfz/202112/t20211216_1308088.html？code=&state=123。

毛新雅：《"一带一路"促进合作共赢的发展经济学解释》，2019年4月2日，人民网，http：//theory.people.com.cn/BIG5/n1/2019/0402/c40531-31008119.html。

《美国民主情况》，中华人民共和国外交部，2021年12月5日，https：//www.fmprc.gov.cn/zyxw/202112/t20211205_10462534.shtml。

《美欧强烈关切中国"单边海上行动"》，《联合早报》，2021年12月3日，https：//www.zaobao.com.sg/realtime/china/story20211203-1219520。

《全球极端贫困率持续下降但速度放慢》，世界银行，https：//www.shihang.org/zh/news/press-release/2018/09/19/decline-of-global-extreme-poverty-continues-but-has-slowed-world-bank。

《撒哈拉以南非洲高等教育数字化转型调研报告》，联合国教育科学及文化组织、联合国教科文组织高等教育创新中心，2021年6月7日，https：//ichei.org/Uploads/Download/2021-06-07/60bd9222748fd.pdf。

《数字透视2021中国绿色低碳经济发展》，新华网，2021年12月31日，http：//www.news.cn/energy/20211231/273f31f3c11d48c395a1ddbe7231cde6/c.html。

《推动共建丝绸之路经济带和21世纪海上丝绸之路的愿景与行动》，2015年3月，http：//www.xinhuanet.com/world/2015-03/28/c_1114793986.htm。

王毅：《坚定信心，加强团结，携手建设更加紧密的"一带一路"伙伴关系——王毅国务委员兼外长在"一带一路"亚太区域国际合作高级别会议上的主旨发言》，中华人民共和国驻斐济共和国大使馆，2021年6月23日，http：//fj. china-embassy. org/chn/sgxw/t1886429. htm。

王毅：《中国不仅是全球发展倡议的提出者，也将是推进落实的行动派》，中华人民共和国外交部，2021年12月30日，https：//www. mfa. gov. cn/wjbzhd/202112/t20211230_ 10477283. shtml。

《网络信息内容生态治理规定》，国家互联网信息办公室，2019年12月20日，http：//www. cac. gov. cn/2019－12/20/c_ 1578375159509309. htm。

《为全球发展合作擘画蓝图》，中国一带一路网，2021年12月21日，https：//mp. weixin. qq. com/s?＿＿biz＝MzI4ODQ3MTE2NQ＝＝&mid＝2247544826&idx＝1&sn＝7c3c64d1adc6b775018996becc654830 & chksm＝ec3f8ee8db4807fe9d8e1c5b5df39749b9783aafd515faa20b9e37b44ac92d3c97378f756ed3&mpshare＝1&scene＝24&srcid＝1221q99BWyn7WJurR6MM4x7B & sharer_ sharetime＝1640088446984&sharer_ shareid＝ccf0618eb4b7007f82e64a5f35d62e1b#rd。

《我国对"一带一路"沿线国家投资继续增长》，中国一带一路网，2021年9月2日，https：//www. yidaiyilu. gov. cn/xwzx/bwdt/185578. htm。

《一带一路大数据》，中国一带一路网，https：//www. yidaiyilu. gov. cn/jcsjpc. htm。

《"一带一路"建设高质量推进 中国方案惠及世界》，人民网，2021年11月21日，http：//politics. people. com. cn/n1/2021/1121/c1001－32287807. html。

《"一带一路"具有四个开放包容的特征》，国务院新闻办公室，2015年10月16日，http：//www. scio. gov. cn/ztk/wh/slxy/31215/Document/1452045/14520 45. htm。

《"一带一路"绿色发展伙伴关系倡议》，中华人民共和国外交部，

2021年6月24日，https：//www. fmprc. gov. cn/web/ziliao_ 674904/1179_ 674909/t1886384. shtml。

《"一带一路"绿色投资原则》，https：//www. followingthemoney. org/wp-content/uploads/2020/03/2018_ GFIGFC_ Green-Investment-Principles-for-the-Belt-and-Road_ C. pdf。

《"一带一路"是正确之路、未来之路》，人民网，2021年11月23日，http：//world. people. com. cn/n1/2021/1123/c1002 - 32289546. html。

《"一带一路"疫苗合作伙伴关系倡议》，中华人民共和国外交部，2021年6月24日，https：//www. fmprc. gov. cn/web/ziliao_ 674904/1179_ 674909/t1886385. shtml。

《已同中国签订共建"一带一路"合作文件的国家一览》，中国一带一路网，2021年3月12日，https：//www. yidaiyilu. gov. cn/xwzx/roll/77298. htm。

《以文化为基础的中国少数民族发展》，UNDP·中国，https：//www. cn. undp. org/content/china/zh/home/op erations/projects/poverty_ reduction/culture-based-development-for-ethnic-minorities-in-china-. html。

于洪君：《倡议提出八年来，成果与挑战并存》，2021年12月14日，https：//fgw. sh. gov. cn/fgw_ fzggdt/20211214/95707b3100a743979e8491ab72304d7e. html#。

《中国的国际参与》，UNDP·中国，https：//www. cn. undp. org/content/china/zh/home/sustainable-development. html。

《中国—东盟合作事实与数据：1991—2021》，中华人民共和国外交部，2021年12月31日，https：//www. fmprc. gov. cn/web/wjbxw_ 673019/202201/t20 220105_ 10479078. shtml。

《中国连续12年成为全球第二大进口市场》，中国一带一路网，2021年10月22日，https：//www. yidaiyilu. gov. cn/xwzx/gnxw/192472. htm。

《中国仍是2021年全球经济增长最大贡献国》，中国一带一路网，2021年12月7日，http：//ydyl.china.com.cn/2021-12/07/content_77915065.htm。

《中国是融入全球贸易推动发展的典范》，中国一带一路网，2021年12月15日，http：//ydyl.china.com.cn/2021-12/15/content_77931288.htm。

《中国与"一带一路"相关国家出版合作进入提质增效阶段》，《人民日报》（海外版），2021年12月15日，http：//world.people.com.cn/n1/2021/1215/c1002-32308116.html。

《中欧班列连续19个月单月开行超千列》，中华人民共和国中央人民政府，2021年12月17日，http：//www.gov.cn/xinwen/2021-12/17/content_5661467.htm。

钟山：《共建一带一路 发展开放型世界经济》，人民网，2017年6月6日，http：//theory.people.com.cn/n1/2017/0606/c40531-29319702.html。

《著名经济学家杰弗里·萨克斯论中国在全球可持续发展事业中的领导作用》，联合国，2021年4月13日，https：//news.un.org/zh/story/2021/04/1081972。

《奏响"一带一路"高质量共建强音——历史交汇点的博鳌观察》，中华人民共和国中央人民政府，2021年4月21日，http：//www.gov.cn/xinwen/2021-04/21/content_5601181.htm。

Andy Sumner, Chris Hoy, and Eduardo Ortiz Juarez, "WIDER Working Paper 2020/43：Estimates of the impact of COVID-19 on global poverty", April 2020, https：//www.wider.unu.edu/sites/default/files/Publications/Working-paper/PDF/wp2020-43.pdf.

António Guterres, "Remarks to High-Level Political Forum on Sustainable Development", United Nations, September 24, 2019, https：//www.un.org/sg/en/content/sg/speeches/2019-09

-24/remarks-high-level-political-sustainable-development-forum.

"A UN Framework for the Immediate Socio-economic Response to COVID – 19", United Nations, April 2020, https://www.un.org/sites/un2.un.org/files/un_framework_report_on_covid-19.pdf.

"Decade of Action", Sustainable Development Goals, https://www.un.org/sustainabledevelopment/decade-of-action/.

"Declining Aid, Rising Debt Thwarting World's Ability to Fund Sustainable Development, Speakers Warn at General Assembly High-Level Dialogue", United Nations, September 26, 2019, https://www.un.org/press/en/2019/ga12191.doc.htm.

"Deputy Secretary-General's Opening Remarks to Informal Briefing to Member States on the Decade of Action [as prepared for delivery]", United Nations Secretary-General, December 19, 2019, https://www.un.org/sg/en/content/dsg/statement/December 19, 2019/deputy-secretary-generals-opening-remarks-informal-briefing-member-states-the-decade-of-action-prepared-for-delivery.

"FACT SHEET: President Biden and G7 Leaders Launch Build Back Better World (B3W) Partnership", White House, June 12, 2021, https://www.whitehouse.gov/briefing-room/statements-releases/2021/06/12/fact-sheet-president-biden-and-g7-leaders-launch-build-back-better-world-b3w-partnership/.

"No Poverty: Why It Matters", United States, https://www.un.org/sustainabledevelopment/wp-content/uploads/2016/08/1_Why-It-Matters-2020.pdf.

"Shared Responsibility, Global Solidarity: Responding to the Socio-economic Impacts of COVID – 19", United Nations, March 2020, https://www.un.org/sites/un2.un.org/files/sg_report_socio-economic_ impact_ of_ covid19. pdf.

"Sustainable Development Goals", UNDP, https：//www. cn. undp. org/content/china/en/home/sustainable-development-goals. html.

王灵桂，中国社会科学院副院长、研究员，中国社会科学院国家高端智库副理事长兼秘书长，香港中国研究院院长，中国非洲研究院院长，中国民族研究团体联合会会长，联合国南南合作办公室和联合国开发计划署"脱贫和可持续发展智库网络"中方主席，中俄思想库交流机制副主席，中国社科院大学博士生导师，博士后合作导师。主要代表作：《中国伊斯兰教史》《伊斯兰教在中国》（阿拉伯文版）《中国特色大国外交》《TPP为什么陨落》《纳瓦罗治学批判》（合著）《全球治理变革与中国选择》（合著）《中国特色新型智库》（合著）《跨越七大陷阱：关于中国发展的观点和我们的思考》等。主编：《2017年的中国与世界》《2018年的中国与世界》《全球战略观察报告》（19卷）《一带一路手册（2018）》《一带一路手册（2020）》《健全国家公共卫生应急管理体系研究》等。

杨美姣，中国社会科学院世界经济与政治研究所助理研究员，北京大学国际政治专业博士，出版《香蕉、沙滩与基地：国际政治中的女性主义》译著，在CSSCI核心期刊发表多篇学术论文，目前研究议题为国家战略、大国关系和地缘政治等。